厦门大学美育与通识教育丛书编委会

主任委员

张 荣　张宗益

副主任委员

周大旺

执行主任

楼红英

委 员

（以姓氏笔画为序）

王　程	方　颖	计国君	代　迅
朱　菁	邬大光	刘　赦	刘振天
李晓红	李勤喜	汪　骋	张亚群
张燕来	陈　敏	陈舒华	武剑锋
秦　俭	唐炎钊	谢清果	雷蕴奇
谭　忠	薛成龙		

厦门大学美育与通识教育丛书

bban lam ue lip mng

闽南话入门

——厦门大学在线开放课程

林宝卿　著

厦门大学出版社　国家一级出版社
XIAMEN UNIVERSITY PRESS　全国百佳图书出版单位

图书在版编目(CIP)数据

闽南话入门：厦门大学在线开放课程 / 林宝卿著
. -- 厦门：厦门大学出版社，2022.11
 ISBN 978-7-5615-8722-5

Ⅰ．①闽… Ⅱ．①林… Ⅲ．①闽南话—教材 Ⅳ.
①H177.2

中国版本图书馆CIP数据核字(2022)第160852号

出 版 人	郑文礼
责任编辑	王鹭鹏

出版发行　厦门大学出版社
社　　址　厦门市软件园二期望海路 39 号
邮政编码　361008
总　　机　0592-2181111　0592-2181406(传真)
营销中心　0592-2184458　0592-2181365
网　　址　http://www.xmupress.com
邮　　箱　xmup@xmupress.com
印　　刷　厦门集大印刷有限公司

开本　720 mm×1 000 mm　1/16
印张　9
插页　3
字数　172 千字
版次　2022 年 11 月第 1 版
印次　2022 年 11 月第 1 次印刷
定价　32.00 元

本书如有印装质量问题请直接寄承印厂调换

厦门大学出版社
微信二维码

厦门大学出版社
微博二维码

2019年7月作者在拍《闽南话入门》视频

林宝卿，厦门人，一九三九年六月出生。长期从事音韵学、方言学、汉语与中国文化等学科的教学、科研工作，为厦门大学人文学院中文系教授，曾两次到马来西亚讲学。退休后仍在厦大任课，为厦大闽南语学会教授、顾问，漳州闽南师大闽南文化研究院特聘研究员，厦门市华彤文化传播有限公司和厦门共同源影视文化传播有限公司的顾问。是厦门鹭江讲坛报告人，讲座次数上百场。由于在厦大出版社出版的著作水平高、质量好、数量多，又深受读者喜爱，所以被称为厦门大学出版社金牌作者。主要专著与教材有《闽南话教程》《闽南话口语》《汉语与中国文化》《魅力闽南话》《闽南方言与古汉语同源词典》《普通话闽南方言常用词典》等十六部，是《福建省志·方言志》的主要编者。编写多部县、市方言志。在《中国语文》《古汉语研究》《方言》《厦门大学学报》《闽台文化研究》《闽南》等刊物上发表学术论文一百多篇。

厦门大学美育与通识教育丛书
总　序

真善美：大学的教育价值

厦门大学美育与通识教育中心应该是中国高校第一个在"通识教育"之前冠上"美育"的机构，这是一个很有创意的设计。中心成立以来，紧锣密鼓地开展了许多工作，目前出版的这套系列丛书，是中心众多工作的组成部分之一。这套系列丛书融美育与通识教育为一体，相比较单一的通识教育，大有双音合奏、琴瑟齐鸣之感。

美育与通识教育是我国高等教育坚持立德树人育人导向，构建德智体美劳全面培养的教育体系，必不可少的重要组成部分。我们常谈教育中的"真善美"，三者不仅仅是简单的并列关系，在某种程度上，也存在"位阶"关系。教育求真，知识向善，最终是要表现为一种"美"的境界。所以，我说教育的最高境界是实现一种"美"的追求。美育和通识教育重在通过以美育人、以文化人的方式，提高学生审美能力和人文素养，尤其是在高等教育高度专业化、知识分类愈发精细化的今天，美育和通识教育的价值不言而喻。

"美育"一词既是一个现代词汇，也是一个本土化表达。根据蔡元培在《二十五年来中国之美育》一文中的说法，"美育的名词，是民国元年我从德文Ästhetische Erziehung译出，为从前所未有。"1912年，伴随蔡元培《对于教育方针之意见》的发表，美育成为"五育"之一，获得广泛关注。"五者，皆今日教育所不可偏废者也。军国民主义，实利主义，德育主义三者，为隶属于政治之教育（吾国古代之道德教育，则间有兼涉世界观者，当分别论之）。世界观、美育主义二者，为超轶政治之教育。"事实上，尽管中国古代没有"美育"的概念，但审美教育，艺术教育等美育观念却是古已有之。所以，以蔡元培为代表的中国学者，在阐释外来教育理念时，很容易将"美"和"育"二字进行合并组成新的词语。可见，美育是通过"意译"而非"音译"的手段进入汉语的话语体系，从而获得广泛传播和独立表达，并发展成为一个常识性词汇，这称得上是"本土化"转型的典型。

那么，如何理解"美育"对于教育的意义？一是美育并非专业教育。长期以来，在教育实践中，我们把美育教育等同于艺术教育，这制约了其他美育实践形式的探索和发展，从理论上讲，艺术教育只是美育的组成部分之一。只有走出专业教育的窠臼，美育才会有更大的生长空间，不仅只是在艺术教育中显现，更能在德育、智育、体育、劳动教育中彰显，以美润德、以美育智、以美塑体、以美促劳，让学生看见人性之美、科学之美、运动之美、劳动之美，"美"才能真正成为一种普适性的教育理念。二是美育并非针对专业的人的教育。美育不是为了培养音乐家、绘画家、书法家等专业人才，或者说，他们只是美育教育的副产品。真正的美育是针对所有人的美的教育，如马克思所说"人也按照美的规律来塑造物体"。接受了美育的人，虽说做不到眉目一举知千秋，绣口一吐半盛唐，但他或许会在某个不经意的瞬间，桃花依旧笑春风。美育是要帮助每一个人走出知识的狭隘，避免"智识"的平庸，真切懂得什么叫人间值得。

谈完美育，再说通识教育。通识教育既是一个历史现象，又是一个现实问题。从公元前4世纪亚里士多德提出自由教育思想开始，历经发展流变，到19世纪初美国教育家倡导通识教育,这样一种教育思想有着深厚的历史渊源。通识教育强调摆脱功利和实用,注重为学生提供内容宽泛的综合教育,与专业教育相区别。随着高等教育过度专业化的问题开始凸显,人才培养愈发不能适应社会发展的需求和科学进步的要求,通识教育开始走入现代高等教育改革的视野,愈发得到重视。例如,爱因斯坦曾指出:"用专业知识教育人是不够的……否则,他——连同他的专业知识——就更像一只受过很好训练的狗,而不像一个和谐发展的人。"关于此类的反思乃至"批判"很多,如我国梁思成先生1948年在清华大学所讲的"半面人"。当时,梁先生是从大学文理分家导致人的片面化谈起的,他提倡教育要走出"半个人的时代"。新中国回国后的钱学森先生考察清华大学时,也表达了对清华大学调整为单一的工科大学导致人才培养窄化问题的忧虑。他在晚年的时候发出的"钱学森之问",两者之间是否存在某种内在联系,需要我们认真反思。

在通识教育的理解上,一直存在着偏差。"通识"不是意味着什么都知道,或者什么都知道一点儿。"通识教育"一词是从英文"general education"翻译过来的,"general"的本意是"总体的、普遍的、一般的",如果说专业教育研究的是高深学问,那通识教育关注的则是价值问题,其中既包括一些常识问题,也包括时代的新问题。"通识"的真正含义是让教育回归常识,回归教育活动的本质。"通识教育"需要的是回归教育的本心,回归育人的初心,这是所有的专业教育都需要的。某种意义上说,通识教育称得上是专业教育的底线和红线。反观现实,长期存在这样一种倾向,即把通识教育作为一种知识体系的教育,倡导专业之间、学科之间、知识之间的互补,让人文社会科学的学生选修自然科学、工程科学的课程,反之亦然。事实上,我们忽视了通识教育更为重要的含义,它是一种思维塑造、情感熏陶、价值引领，而不是单纯的知识传递。

中国近代大学的学科体系和知识体系，几乎是在一张白纸上建构起来的，我们经历了太多因为知识匮乏而导致的苦难，为了实现旧邦新造，我们揖美追欧，如饥似渴地学习，潜移默化影响了我们的民族心理。投射到高等教育中，那就是专业导向、学科导向、知识导向，大力发展"有用"之学，学好数理化，走遍天下都不怕。但是，过分神话知识的魅力，过度强调语义的记忆，过于重视技能的传授，极力崇尚知识的专业性，却忽视了对学生情感、态度、学习能力，以及价值观的培养，教育的育人功能被严重窄化，知识的价值仅仅被解读为"有用"。今天，我们应该有足够的自信、足够的闲暇拾起这些"无用"之学，让知识宽起来，让教育静下来，多一份坦然，少一份急躁。

邬大光

2022 年 6 月 30 日

前　言

《闽南话入门》是自一九八七年海峡两岸大门打开后,我应厦门大学学生们的迫切要求,向全校开设的选修课,后来成为一门通识课,至今已将近三十五年,很受同学欢迎。其教材《闽南话教程》是我在教学实践过程中,不断地学习、摸索,大胆地尝试编成的,于一九九二年由厦大出版社出版,至今已畅销二十八年,重印二十五次。它是大陆第一本闽南话教材。二〇一三年北京大学出版社还为我出版《闽南方言教程》的提高本。

闽南方言是汉语方言重要的一支,具有浓厚的民族性和鲜明的地域性,它担负着维系海峡两岸人民亲情的重任。习近平总书记在《告台湾同胞书》发表四十周年纪念会上的讲话中指出"中华文化是两岸同胞心灵的根脉和归属",强调"两岸同胞要共同传承中华优秀传统文化"。闽南文化是中华优秀传统文化的重要组成部分,它建立在闽南方言的基础之上。语言的产生意味着灿烂多姿人类文化的诞生,同时,文化的发展也促使语言更加丰富和完善。文化是语言的底座,语言是文化的载体,语言和文化的关系十分密切,正如语言学家罗常培先生说的"语言的历史和文化的历史是相辅相行的,它们可以互相协助和启发"。正因为如此,厦门大学为了提高教学质量和扩大传播闽南方言和文化,特把《闽南话入门》作为"在线开放课程"。

"工欲善其事,必先利其器",优秀的教材是提高教学质量和学习效果的根本和核心。我在《闽南话教程》的基础上进行修改、提炼、补充、提高,编成《闽南话入门》,让它拥有经久不衰的魅力,走进课堂,走进社会,走进闽台地区和东南亚各国,甚至全世界有闽南人的地方,一代代坚持不懈地薪火相传,让悠久浑厚的"汉唐古音"和魅力无穷的闽南文化永世长存。

《闽南话入门》力求实用性、科学性和系统性的统一,既有实际语言的传授,又有学习方法的指导。每一章都有紧密结合课文的精当、活泼的练习题，使学生通过练习掌握《闽南方言拼音方案》、常用的词汇和语法知识，从而借助拼音工具学习各种场合的常用口语和句子，达到举一反三、无师自通的目的。

教材的后面附有常用口语会话课文、反映民俗文化的童谣、诗歌、顺口溜和唐宋诗词选读，让学生学习会话和朗诵。

语言是一门口耳之学，非下苦功不可。同学们进了闽南话的门槛后，应自觉利用一切场合和机会，向各行各业懂得闽南话的人士学习，要利用闽南这得天独厚的语言环境，大胆地反复地口头操练，才能真正把闽南话学到手，更好地融入闽南人的生活中，使"乡音乡情促亲情，文化经济获双赢"。

今天是厦门大学百年校庆的大喜日子，我谨以此书作为校庆的献礼。我深情地祝福厦门大学继续弘扬嘉庚精神，在新的一百年再谱华章，再放异彩，开创新辉煌！

本书在编写、录制视频的工作中，得到厦门大学通识教育中心副主任、人文学院副院长李晓红教授的热情指导，中文系讲师刘子立博士和通识教育中心秘书吴艺老师积极的帮助和支持，刘子立老师又和我为学话教材配音，在此一并表示感谢！

二〇二一年校庆

目 录

第一章　闽南话与汉语方言 …………………………………………… 1
  第一节　汉语方言与闽方言 ………………………………………… 1
  第二节　闽南方言的源流 …………………………………………… 2
    一、闽南方言的历史渊源 …………………………………………… 2
    二、闽南方言的流播 ………………………………………………… 3

第二章　闽南方言是古汉语的活化石 ………………………………… 6
  第一节　存古音，留古韵 …………………………………………… 6
    一、从闽南方言音系看 ……………………………………………… 6
    二、从文白异读看 …………………………………………………… 7
  第二节　存古词，留古义 …………………………………………… 9
    一、实　词 …………………………………………………………… 9
    二、虚　词 …………………………………………………………… 10
  第三节　存古语法特点 ……………………………………………… 12
    一、词头阿 a^1 ……………………………………………………… 12
    二、词尾"仔" a^3 …………………………………………………… 13
    三、与普通话同素异序词，是古汉语词序的保留 ………………… 14
  第四节　存古俗，留古风 …………………………………………… 15
    一、传承中国优秀的传统文化 ……………………………………… 15
    二、传承民俗文化 …………………………………………………… 18

第三章　闽南话的声母 ………………………………………………… 20
  第一节　闽南传统韵书《十五音》 ………………………………… 20
    一、简介闽南传统韵书 ……………………………………………… 20
    二、十五音的代表字 ………………………………………………… 20
  第二节　闽南话的声母 ……………………………………………… 21
    一、简介语音的有关术语 …………………………………………… 21
    二、闽南方言声母表 ………………………………………………… 23
    三、学习闽南话声母的难点 ………………………………………… 24

第四章　闽南话的声调 …… 26
第一节　声调、调类、调值 …… 26
第二节　闽南话的声调 …… 27
　　一、闽南话声调表 …… 27
　　二、学习闽南话声调的难点 …… 28

第五章　闽南话韵母（一） …… 30
第一节　单韵母 …… 30
　　一、单元音韵母 …… 30
　　二、喉塞单韵母 …… 32
　　三、鼻辅音单韵母 …… 32
　　四、鼻辅音喉塞单韵母 …… 32
　　五、比较单元音韵母、喉塞单韵母的七个声调 …… 33
第二节　拼音 …… 34
　　一、拼音口诀 …… 34
　　二、拼音方法 …… 34

第六章　闽南话韵母（二、三） …… 36
第一节　复韵母 …… 36
　　一、复元音韵母 …… 36
　　二、喉塞复韵母 …… 37
第二节　鼻化韵母、鼻化入声韵母 …… 39
　　一、鼻化韵母 …… 39
　　二、鼻化入声韵母 …… 40
　　三、鼻化韵母与非鼻化韵母比较 …… 41
　　四、m、n、ng声母的来源和用法 …… 41

第七章　闽南话韵母（四、五） …… 43
第一节　鼻韵母 …… 43
第二节　入声韵母 …… 45
　　一、入声韵母 …… 45
　　二、喉塞入声韵母与舌根塞入声韵母比较 …… 46
第三节　韵母总复习 …… 48

第八章 闽南话的连读变调、文白异读、语音构词特点 ················ 51
第一节 连读变调 ················ 51
一、连读变调 ················ 51
二、连读变调类型 ················ 51
第二节 文白异读 ················ 54
一、文白异读 ················ 54
二、文白异读辨义 ················ 54
第三节 语音构词特点 ················ 56
一、人称代词 ················ 56
二、指示代词 ················ 56
三、文白读组词产生新义 ················ 58
四、单音名词、动词、形容词重叠产生新义 ················ 59

第九章 闽南话的数词、量词 ················ 61
第一节 数词 ················ 61
一、基数词 ················ 61
二、序数词 ················ 62
三、分数 ················ 62
第二节 量词 ················ 64
一、名量词 ················ 64
二、动量词 ················ 66

第十章 闽南话的常用句型 ················ 68
第一节 有无句 ················ 68
一、"有+动词"的句式 ················ 68
二、"有、无"可直接做补语 ················ 68
三、"有、无"可说明事物的程度 ················ 69
四、"有、无"可用来表示某种事物的状态 ················ 69
五、"有、无"可对举或连用 ················ 70
第二节 "会、赡"句 ················ 71
一、表示恢复某种能力或达到某种效率 ················ 71
二、表示有条件或情理上许可 ················ 72
三、"会、赡"可做补语 ················ 72
第三节 比较句、来去句 ················ 73
一、比较句 ················ 73

二、来去句 ··· 74
第四节　被动句、把字句 ·· 75
　　一、被动句 ··· 75
　　二、把字句 ··· 76

学话教材 ·· 77
一、常用口语、会话课文 ·· 77
　　厦门的天气 ·· 77
　　课外活动 ··· 79
　　食　饭 ·· 80
　　买果子 ·· 81
　　买　菜 ·· 81
　　去鼓浪屿佚佗 ·· 82
二、反映民俗文化的童谣、诗歌、顺口溜 ···················· 85
　　十二个月青菜歌 ··· 85
　　惜　福 ·· 85
　　果子歌 ·· 86
　　水当当的花 ·· 86
　　小蜜蜂真好工 ·· 87
　　兔仔目珠像玛瑙 ··· 87
　　羊仔囝，咩咩吼 ··· 87
　　我爱我的国 ·· 88
　　二九暝 ·· 88
　　正月正 ·· 89
　　上元暝，月当圆 ··· 89
　　上元灯，诚趣味 ··· 90
　　清明感怀 ··· 90
　　五月节，扒龙船 ··· 91
　　七月七，牛郎织女相会 ··· 91
　　月娘月光光，起厝田中央 ·· 92
　　中秋博饼 ··· 92
　　爱国华侨陈嘉庚 ··· 93
　　旅游讲文明 ·· 93
　　旅游讲交通 ·· 94
　　旅游买伴手物 ·· 94

三、唐宋诗词选读 ………………………………………… 96
  静夜思 …………………………………………………… 96
  山　行 …………………………………………………… 96
  早发白帝城 ……………………………………………… 96
  画 ………………………………………………………… 97
  赋得古原草送别 ………………………………………… 97
  游子吟 …………………………………………………… 98
  鸟 ………………………………………………………… 98
  渔歌子 …………………………………………………… 99
  清　明 …………………………………………………… 99
  题西林壁 ………………………………………………… 99
  月下独酌 ………………………………………………… 100
  浪淘沙 …………………………………………………… 100
  九月九日忆山东兄弟 …………………………………… 101

附　录
  一、常用分类词表 ………………………………………… 102
  二、部分国名、地名表 …………………………………… 116
  三、常见姓氏表 …………………………………………… 118
  四、厦门与漳州、泉州音系的主要差异 ………………… 120
  五、闽南语经典歌曲 ……………………………………… 123
    爱拼则会赢 …………………………………………… 123
    天乌乌 ………………………………………………… 125

跋 …………………………………………………………… 128

第一章　闽南话与汉语方言

闽南话是汉民族母语古汉语的地方变体，是汉语的一个重要方言。由于历史悠久加上社会的不断分化，闽南话在语音、词汇、语法等方面与汉语及其各方言有很大的差别，很值得我们学习和研究。

第一节　汉语方言与闽方言

汉语是汉民族的共同语。我国地广人多，汉语方言以其纷繁复杂著称于世。它共分为七大方言。方言是一种语言中跟标准语有区别的，只是在某些地方使用的话。它是一种语言的地方变体。七大方言如下：

以北京话为代表的北方方言；
以长沙话为代表的湘方言；
以上海、苏州话为代表的吴方言；
以南昌话为代表的赣方言；
以广州话为代表的粤方言；
以梅县话为代表的客方言。

另一个方言是闽方言，它在七大方言中纷繁复杂为全国之最，找不到哪个方言能代表它。闽南方言是闽方言中一个重要的次方言，它只能代表闽南。闽南方言就是汉民族母语古汉语的地方变体，是汉语的一个重要方言。

闽方言分为如下几个次方言：

以福州话为代表的闽东方言；
以厦门话为代表的闽南方言；
以莆田话为代表的莆仙方言；
以建瓯话为代表的闽北方言；
以永安话为代表的闽中方言。

闽方言不等于福建方言,因福建境内还有以长汀话为代表的闽西客方言;以平和九峰为代表的闽南客方言;以邵武话为代表的闽北客方言。还有南平官话岛等。有些地方仅一山一水之隔就话语不通。

练习一

一、简 答

汉民族的共同语是什么?汉语和方言是什么关系?

二、填 空

1. 请填出汉语以下方言的代表点:

   北方方言_____   赣方言_____   客方言_____

2. 请填出闽方言各次方言的代表:

   闽东方言_____   闽南方言_____   闽北方言_____

   莆仙方言_____   闽中方言_____

第二节　闽南方言的源流

闽南方言源自古汉语,后从宋代到元明清,带着中原古音的闽南方言随同闽南人向省内外流播,乃至流播到东南亚诸国。

一、闽南方言的历史渊源

袁家骅先生主编的《汉语方言概要》一书说:"中原汉人迁移入闽的过程,大概始自秦汉,盛于晋唐,而以宋为极。"

早在先秦时,福建设闽中郡,闽越族被纳入统一轨道,后闽越人佐汉灭秦,汉高祖立无诸为闽越王,与华夏融合,但鞭长莫及。三国时东吴五次入闽,但来的人很少,并非举族南迁,因此只留下少数吴楚方言。中原汉人入闽及河洛话的南传主要还是源于比较大规模的三次大移民。

第一次是"五胡乱华"之际。《闽书》记载:"永嘉二年(308年),中原板荡,衣冠南渡,始入闽者八族,所谓林、黄、陈、郑、詹、邱、何、胡是也。"平民百姓也跟着成群南奔避难,比较集中地定居在建溪、富屯溪流域、闽江下游,最南是晋江流域,他们逐渐成为闽地居民的主体,他们所带来的是东晋中原汉人的语言,是古闽语闽南话形成的基础,是福建历史最久的汉语方言,反映了隋唐前的汉语特点。

第二次大规模入闽是唐高宗总章二年(669年)。据《漳州府志》,因今漳州地区"蛮獠啸乱",中州颍川人陈政被朝廷任命为岭南行军总督,率领一百三十二将领及其府兵三千六百人南下"征蛮",镇绥安(今漳浦县),后因兵力不足,陈政兄陈敏嗣后又率五十八姓中州老乡入闽相助。陈政病逝,其子陈元光继承父业,上书朝廷,在泉州和潮州之间增设一个州。公元686年,朝廷准奏设立漳州,陈元光被任命为刺史,奉命府兵在漳州一带定居下来屯垦,陈元光是开漳始祖。他们带来七世纪的中原古汉语,促成了闽南方言的定型,这也是七世纪中原古音(漳州腔)与四世纪中原古音(泉州腔)区别缘故之一。

第三次大规模入闽是唐末,当时中国陷入封建割据状态。河南光州固始县王潮及其弟王审知趁乱起兵,占据福建全省。王潮被朝廷敕封为福建威武军节度使。王潮死后,王审知接任,并于后梁开平三年(909年),被梁太祖朱晃封为闽王。王审知是开闽始祖。王审知病逝后,王审知之子王延翰于公元926年立闽国称帝。这批人带来十世纪的中州话,促成闽东方言的形成,对闽南、闽北、闽中等地方言的形成也有影响。

据上所述,闽南方言的形成主要由于社会分化,中原汉人三次入闽大迁徙,后经过几个历史时期的变化发展,加上闽南山川阻隔,长期与外地交流少所形成的地域方言。不可否认,早期原住民闽越人在被汉人同化的过程中,极少数的闽越族底层语也残留在闽南方言中,但汉语无疑是占据主要地位,从而使闽南方言成为汉语方言的一支强势方言。

二、闽南方言的流播

闽南地区地少人多,发展农业生产有困难,于是只好靠山吃山,靠海吃海,以海为田,向外移民,寻求新的生存和发展空间。

从宋代到元明清,带着中原古音的闽南方言随同闽南人的迁移向外流播,传到省内的福鼎、霞浦、永安等,省外的广东潮汕、海南地区、浙江温州、江苏宜兴、江西上饶和台湾地区,此外,闽南话还流播至东南亚诸国。

(一)历史上闽南人移居台湾的三次高潮

第一次是明天启四年(1624年。颜思齐抵台时间,也有一说是明天启元年1621年),漳州海澄人颜思齐和泉州南安人郑芝龙因不满日本德川幕府的统治,密谋起事造反,后不幸事泄,乘船出逃,在笨港(今北港)靠岸后就决定在这里开荒造田,与此同时派人到漳泉故里招募百姓移居,前后计三千多人。明天启五年(1625年),颜思齐染病辞世,葬于嘉义县水上乡南乡村三界埔一带。是年十二月,部众推选郑芝龙为首领,继续拓垦台湾大业。崇祯元年(1628年),闽南大旱,已被招安的郑芝龙经朝廷允准召闽南饥民到台湾开荒造田。颜思齐、郑芝龙掀起大规模垦台序幕,对台湾发展做出贡献,故颜思齐可说是"开台第一人"。这一次,主要是生存型移居。今云林北港镇有"颜思齐先生开拓台湾登陆纪念碑"。

第二次是顺治十八年(1661年),郑成功驱荷复台,随郑成功到台湾的军队、官吏和眷属,以及招募到台湾的漳泉百姓数量多达十二万至十五万人。这一次可以说是军事行动带来的政治型移民。

第三次是自清初康熙至嘉庆百余年的移民潮,主要是生存和发展兼有的经济型移居。

闽南人到台湾,带去了闽南方言和文化,带去闽南人艰苦奋斗、敢拼爱赢的性格,把台湾建成"第二个闽南"。连横在《台湾语典》自序中开宗明义地指出:"夫台湾之语,来自漳泉,漳泉之语,传自中原,其源既远,其流又长。"这充分证明闽台地缘近、史缘久、人缘亲、血缘深,两地本是人同祖,语同缘。

(二)闽南人迁徙到东南亚诸国有悠久的历史

闽南人继承古代闽越人善舟的技术,发展捕捞和航运贸易。唐宋开始,泉州作为"海上丝绸之路"的起点闻名于世,他们最早出外打拼,经商,长期的海洋经验积累了他们敢闯海洋,敢为天下先的拼搏精神,孕育了他们的海洋心胸与性格,孕育了闽南人"爱拼才会赢"的精神。元末明初泉州港淤塞,漳州月港(海澄)兴起。嘉靖万历年间,漳州月港成为东南沿海国际贸易中心,闽南人在东西洋开辟了到达琉球、日本、马来西亚、西班牙、荷兰等四十几个国家的航线,当时政府政策多变,他们经受着"市禁则商为盗,市通则盗为商"的种种迫害,扬帆出海,视大海为舞台,以世界为市场,过台湾,下南洋,闯东洋,泛西洋,创造了闽南在世界海洋文明中的辉煌历史。鸦片战争后,厦门成为五口通商口岸之一,从此厦门成为海内外通商贩卖华工出洋当苦力的窗口。月港完成了从泉州港到厦门港过渡半个世纪的历史使命,黯然走下了历史舞台,但它为"一带一路"经济圈的延续打下了基础。当时从厦门运出当苦力的华工就有三十万人,其中二十万人往东南亚。出洋华人中,闽南人最多,也去得最早,正如《明经世文编》所云:"闽之福兴泉漳,襟山带海,田不足耕,非市舶无以助于食,其民适波浪而轻生死,亦其习使然,而漳尤甚。"被称为福建话的闽南方言成为东南亚诸国的主要语言之一。

除东南亚诸国外,闽南人也迁徙到世界其他国家,如日本、美国、澳大利亚、新西兰等国。闽南人如果从历史上外迁直到今天,至少有三千多万人,接近四千万人。据初步统计,国内外使用闽南方言的人口将近六千万,闽南话已成为一个超地区,超省界,超国界的方言,它是地球上六十种主要语言方言之一,被录制在美国1977年发射的"旅行者号"宇宙飞船的镀金唱片上,到广漠无垠的星河寻觅知音。

(三)闽南话的定义

从地理位置看,它是福建南部的方言,包括厦门、泉州、漳州、龙岩城关和漳平等;从语言学角度看,它是一个超地区,超省界,超国界的方言。从广义说,它包括本土及其所流传的地;从狭义说,它是闽南、台湾地区和东南亚各国畅通无阻的方言,所以说"学好闽南话,通行闽台东南亚"。

练习二

一、选 择

中原向闽南大批移民,一般认为主要有三次,请指出哪三次:

A.晋代永嘉年间的衣冠南渡

B.三国时期,东吴置建安郡

C.唐朝陈政陈元光父子开漳

D.唐宋王潮、王审知开闽

E.安史之乱后,北人避乱

二、填 空

1._____年_____人和_____到漳州、泉州招募百姓移居,前后计_____多人;郑成功于____年驱荷复台。

2.东南亚诸国称闽南话为_____话。

3.据初步统计,国内外使用闽南话人口将近____。

4.闽南人移居台湾的第一、二次高潮是_____年和_____年,被称为_____型和_____型的移居。

三、简 答

1.为什么说"学好闽南话,通行闽台东南亚"?

2.为什么说闽南方言是一个超地区、超省界、超国界的方言?

第二章 闽南方言是古汉语的活化石

古汉语的语音、词汇、语法特点及其古民俗大都保留在闽南方言和文化中,成为古汉语的活化石。它承载着传承中华优秀传统文化的重任,使华夏文脉繁衍生息。

第一节 存古音,留古韵

中原汉人入闽的人数多,又文化层次高,加上政治、经济、文化等各方面的优势,使中原的古汉语成为闽南方言的主要成分,至今活在人们的口语中,成为古汉语的活化石。这些活化石保留在闽南方言的语音、词汇、语法及其民俗中。

在语音方面是存古音,留古韵,朗诵唐诗有押韵。

一、从闽南方言音系看

闽南方言声母是十五音系统,保留"古无轻唇"(古代没有 f 声母),把普通话唇齿音 f 读成 b、p(文读是 h),如飞 be、分 bun、富 bu、放 bang、蜂 pang 等;保留"古无舌上"("舌上"指普通话的卷舌音),把普通话中的某些卷舌音,读为舌头音 d、t,如陈 dan、中 diong、池 di、丑 tiu、畅 tiong 等,保留浊音声母 bb 无、gg 俄、zz 入等。还有其他古音特点属音韵学知识,不在此分析。

韵母比较复杂,与隋朝陆法言的《切韵》(601 年),宋代陈彭年等奉诏重修的《广韵》等古音韵书非常相似,尤其是鼻韵母和入声韵母。鼻韵母三套:-m 尾,如音、金;-n 尾,如因、烟;-ng 尾,如英、央。入声韵母四套,双唇收尾收-p,如压、入;舌尖收尾收-t,如日、结;舌根收尾收-k,如角、益;喉塞尾-h,如鸭、甲。还有丰富的鼻化韵母,如婴 ē、赢 iā、惊 giā,鼻化入声韵母,如闪 sīh 金~~、瞑 nih~目(眨眼)等。

声调,共有七个声调,保留古入声调(以厦门话为代表):阴平、阳平、上声、阴去、阳去、阴入、阳入。

二、从文白异读看

文白异读是闽南方言语音方面的一个突出特点,不仅字数多,而且成系统,据初步统计常用字中一半左右有文读音(读书音)、白读音(说话音)。

表 2-1 文白异读示例

一文一白	放〈文〉$hong^5$ ~开 〈白〉$bang^5$ ~假
一文两白	老〈文〉lo^3 ~师 〈白〉lao^6 ~人 lao^3 ~练
一文三白	成〈文〉$sing^2$ ~功 〈白〉$ziã^2$ ~人 $ciã^2$ ~家(建家) $siã^2$ 九~金
一文四白	落〈文〉lok^8 ~后 〈白〉lak^7 ~~来(lak^7 loh lai,掉下来) loh^8 ~来(下来) $laoh^8$ 交~(落下、丢掉) lao^5 ~屎(拉肚子)。

少数一文两白,也有一文三白的,甚至个别有一文四白的。

大多数读音与意义相关联,能区别意义,它们在长期使用中约定俗成,不能任意替代。闽南方言文白异读现象可以说在汉语诸方言中首屈一指,不仅数量大,而且对应的类型也纷繁复杂,它反映语音不同历史层次,文读音大多数保留隋唐古音,所以我们朗诵唐诗要用文读音。如下面几首唐诗,普通话已经不能押韵,方言能押韵。

赠汪伦(唐李白)

李白乘舟将欲行$^{hing^2}$,忽闻岸上踏歌声$^{sing^1}$。
桃花潭水深千尺,不及汪伦送我情$^{zing^2}$。

注:"行、声、情"闽南话押 ing 韵,普通话"声"已读为 eng 韵。

山 行(唐杜牧)

远上寒山石径斜$^{sia^2}$,白云深处有人家$^{ga^1}$。
停车坐爱枫林晚,霜叶红于二月花$^{hua^1}$。

注:"斜"普通话已变为 ie 韵,闽南话文读 sia², 白读 cia²,与"家、花"叶韵。

别董大（唐高适）

千里黄云白日曛(hun¹),北风吹雁雪纷(hun¹)纷。

莫愁前路无知己,天下谁人不识君(gun¹)。

注:"曛、纷、君"闽南话押 un 韵,普通话"曛、君"是 ün 韵,"纷"是 en 韵,不叶韵。

值得一提的是,闽南方言古韵犹存,押韵合辙,还反映在律诗、律绝中,很多首押平水韵下平声十二侵韵。唐诗三百首中,押侵韵-m 尾有十来首,除了大家所熟悉的杜甫的五律《春望》,它的韵脚字是"深、心、金、簪",闽南方言押"-im"韵外,还有很多首,如王维的五律《酬张少府》、刘禹锡的七绝《浪淘沙》、李商隐的七绝《嫦娥》等。请看刘禹锡的《浪淘沙》：

莫道谗言如浪深(sim¹),莫言迁客似沙沉(dim²)。

千淘万漉虽辛苦,吹尽狂沙始到金(gim¹)。

韵脚"深、沉、金"方言押-im 韵,普通话"深、沉"是 en 韵,"金"是 in 韵。古-m 尾,普通话已经变成前鼻音韵-n 尾。

令人感到惊奇的是,到了明朝也有押"侵"韵的律诗,那么古"-m"尾普通话是何时消失的呢？我没去考究,不得其解。请看明朝于谦写的《咏煤炭》：

凿开混沌得乌金(gim¹),藏蓄阳和意最深(sim¹)。

爝火燃回春浩浩,洪炉照破夜沉沉(dim²)。

鼎彝元赖生成力,铁石犹存死后心(sim¹)。

但愿苍生俱饱暖,不辞辛苦出山林(lim²)。

此律诗平起平收,首句入韵,"金、深、沉、心、林"等韵字,闽南方言与古音同读-m尾韵,押南宋平水人刘渊编纂的《平水韵》下平声十二侵。

> 练习三

一、简 答
1.举例说明闽南话保留"古无轻唇""古无舌上"。
2.闽南话古音保留表现在哪些方面?

二、填 空
1.唐诗《山行》的韵脚字是____,押____韵。
2.唐诗《别董大》的韵脚字是____,押____韵。

第二节　存古词,留古义

闽南方言是古汉语的活化石,表现在词语方面是存古词,留古义,学习古文好理喻。我用五年时间,从说文、韵书、字词典和浩如烟海的古籍中去探索、查检,找出音准义同的方言本字。"功夫不负有心人",终为闽南话两千多条字词考证出它的本源,写出《闽南方言与古汉语同源词典》,1999年由厦门大学出版社出版。这些音准义同的方言本字,不但帮助我们学习古文,而且有力地论证闽南话和古代汉语的血脉关系。它就是古汉语的一支强势方言,它的实例为考察古今语言演变规律提供了极好的素材。其中包括实词、虚词、称谓词等。

一、实 词

实词是意义比较具体的词。包括名词、动词、形容词、称谓词、数词、量词、代词等。以下列举数例。

囝 giã^3(儿子)　　　　　箸 di^6(筷子)
筻 ce^2(竹棍)　　　　　餜 ge^3(年糕)
箬 hioh^8(叶子)　　　　目珠 bbak^{8}ziu^1(眼睛)
喙䫌 cui^{5}pue^3(脸颊)　　腹肚 bak^{7}doo^3(肚子)
骹 ka^1(脚)　　　　　　丈夫 da^{6}boo^1(男人)
大家 da^{6}ge^1(婆婆)　　　新妇 sin^{1}bu^6(媳妇)
行 giã^2(走)　　　　　　走 zao^3(跑)

徛 kia⁶（站）　　　　　　拍 pah⁷（打）
铰 ga¹（剪）　　　　　　敲 tao³（解开）
缚 bak⁸（绑）　　　　　　囥 kng⁵（藏）
踅 seh⁸（绕）　　　　　　趁 tan⁵（赚）
食 ziah⁸（吃）　　　　　　芳 pang¹（香）
枵 yao¹（饿）　　　　　　漖 ga⁵（指粥很稀）糜真～
焦 da¹（干）　　　　　　瘦 san³（瘦）
闹热 lao⁶liat⁸（热闹）　　　礼数 le³soo⁵（礼貌）
教示 ga⁵si⁶（教育、训诲）　 卵清 lng⁶cing¹（蛋白）
大汉 dua⁶han⁵（个头高大，也指儿子中排行最大的叫大汉囝）

二、虚词

虚词不能单独成句，意义比较抽象，有帮助造句作用的词。包括副词、介词、连词、助词等。

如以下四个词：

未 bbe（用于句末，读轻声，表示询问，相当于"吗"普通话指"吃了吗，去了吗，钱交了吗"）食～，去～，钱交～

无 bbo（助词，用于句末，读轻声，相当于"吗？"普通话是指去了吗？吃了吗？或去没去？吃没吃）有去～，有食～

伤 siũ¹（副词"太"）～好，～红

尔尔 nia⁶nia⁶（助词"而已"）

下面举数例古文进行论证。

囝 giã³：儿女，孩子。唐朝顾况《囝》诗："囝生闽方，闽吏得之……囝别郎罢，心摧血下。"宋代陆游《戏遣老怀》："阿囝略如郎罢老，稚孙能伴大翁嬉。""郎罢"福州话指父亲，整个闽语皆称"儿子"为"囝"。

箸 di⁶：筷子。《说文》："箸，饭欹也"。"欹"是以箸取物。南朝宋刘义庆《世说新语·忿狷》："王蓝田性急，尝食鸡子，以箸刺之，不得，便大怒，举以掷地。"明朝程良还写了《咏竹箸》歌："殷勤好客问竹箸,甘苦乐先尝,滋味他人好,乐空来去忙。"可见,到明朝还用"箸",后因"箸"与"住"同音,民间忌讳"停住",特别是江南渔民身行讳"住",故呼"快子",因"筷"多用竹做,才在"快"上加"竹"头,成为形声字,传世至今。整个闽方言称"筷子"为"箸"。

食 ziah^8:吃。《礼记·大学》:"食而不知其味。"《论语·学而》:"君子食无求饱,居无求安。"还指依靠某种职业和产业等为生。如食头路 ziah^8 tao^2 loo^6(依靠工作谋生)。《国语·晋语四》:"公食贡,大夫食邑,士食田,庶人食力,工商食官,皂隶食职,官宰食加。"

趁 tan^5:赚。《水浒传》第三十一回:"为是他有一座酒肉店,在城东快活林甚是趁钱。"又用如谋生,如宋代周密《癸辛杂识续集上·湖翻》:"农人皆与结队往淮南趁食。"

芳 pang^1:香。南朝梁简文帝《梅花赋》:"折此芳花,举兹轻袖。"宋范成大《光相寺》:"芳花芳草春日融"。"芳"文读音 hong^1,如"芬芳",白读音 pang^1。"香"文读音 hiong^1,如"香港",白读音 hiũ^1,如"点香"。

铰 ga^1:剪。《广韵》:"铰,铰刀。"《尔雅·释名·释兵》:"封刀,铰刀,削刀。"唐李贺《五粒小松歌》:"绿波浸叶满浓光,细束龙髯铰刀剪。"

大家 da^6 ge^1:婆婆。唐赵璘《因话录》:"大家昨夜不安适,使人往候。"若用文读音 dai^6 ga^1,指专家,如文学大家。若读 dai^6 ge^1,是人称代词"大家"。但闽南话常说"逐个 dak^8 e^2"。

丈夫 da^6 boo^1:指男人或男孩儿。《说文》:"男,丈夫也。"《孟子》:"丈夫之冠也,父命之;女子之嫁也,母命之。"《国语·越语》:"生丈夫,二壶酒,一犬;生女子,二壶酒,一豚。""丈夫"用文读音 diong^6 hu^1,指女人的丈夫。

新妇 sin^1 bu^6:媳妇。《玉台新咏·古诗为焦仲卿妻作》:"却与小姑别,泪落连珠子。新妇初来时,小姑始扶床。"南朝宋刘义庆《世说新语·贤媛》:"妇曰:'新妇所乏唯容尔。'"

眠床 bbin^2 cng^2:床铺。《南史·虞愿传》:"鱼弘有眠床一张。"元朝高明《琵琶记》:"吃饱饱,上眠床。"

教示 ga^5 si^6:教育、训诲。唐朝元稹《哭子》诗:"教示诗书望早成。"又《估客行中》:"父兄相教示,求利不求名。"

泅水 siu² zui³:游泳。《列子·说符》:"人有滨海而居者,习于水,勇于泅。"宋朝周密《武林旧事·观潮》:"吴儿善泅者数百皆披发文身,手持十幅大彩旗,争行鼓勇,溯迎而上。"

无 bbo:语气助词"吗"。唐朝朱庆馀《近试上张水部》:"洞房昨夜停红烛,待晓堂前拜舅姑。妆罢低声问夫婿:'画眉深浅入时无?'"唐朝白居易《问刘十九》诗:"晚来天欲雪,能饮一杯无?"

伤 siu¹:副词"太"。东汉王符《潜夫论》:"婴儿常病伤饱也,贵人常祸伤宠也。"五代齐已《野鸡》:"长生缘甚瘦,近死为伤肥。"

练习四

一、举三例说明闽南方言是古汉语的活化石。
二、"箸、丈、趁"普通话读什么声母?闽南话白读音什么声母?为什么?
三、"妇、芳"普通话读什么声母?闽南话白读音什么声母?为什么?

第三节 存古语法特点

闽南方言保留一些古语法特点,为学习古文提供方便。下面仅就两三个通俗易懂的特点举例说明之。

一、词头阿 a¹

(一)何谓词头

词头是附在词根前面的词素,也叫前缀,它是附加式构词法的一种形式,跟词尾"仔 a³"一样,没有词汇意义。

(二)用在某些亲属或名称的前面

闽南话词头"阿"与古汉语一样,用在某些亲属或名称的前面,既表示尊重,又表示亲切。如阿伯、阿爸、阿母、阿舅、阿婶、阿姊,这些亲属称谓词,普通话用双音节词。以下用古文论证:

《玉台新咏·古诗为焦仲卿妻作》:"堂上启阿母。"

《木兰诗》:"阿爷无大儿"。

《乐府诗集·木兰辞》:"阿姊闻妹来,当户理红妆。"

《水浒传》第十七回:"阿嫂便道:'阿叔,胡乱救你哥哥,也是弟兄情分'。"

元代揭傒斯《临川女》:"阿母送我出,阿兄抱我行。"

(三)用在排行、小名或者姓的前面,有亲昵的意味

词头"阿"用在排行、小名或者姓的前面,有亲昵的意味,如阿二(老二)、阿玲、阿林等,古汉语也用于排行,如《南史·萧晔传》:"阿五常日不尔,今日谓仰藉天威。"

(四)词头"阿"是在上古末期产生的

在《诗经》里就有"伊谁",如《诗经·小雅》:"有皇上帝,伊谁云憎?"到了汉代,"伊谁"变为"阿谁"。如王敷的《茶酒论》:"道逢乡里人,家中有阿谁。"王力先生认为"阿谁"是从"伊谁"变来的。从那以后,"阿"的用途扩大了,不仅做人名和亲属称谓的词头,也作为人称代词的词头。如三国蜀汉后主刘禅的小名阿斗,又阿母、阿兄等,用得非常普遍。

二、词尾"仔"a³

(一)何谓词尾

词尾是附在词后表示词形变化的词素。而闽南话的"仔"尾是附在名词后的词素,大多表示小,相当于普通话的"子"和"儿",它是闽南方言的特点。如婴仔 ē¹ a³(婴儿)、鸡仔 gue¹ a³(小鸡儿)、桌仔 doh⁷ a³(小桌子)等。有时也表示东西少,如淡薄仔 dam⁶ boh⁸ a³(一点儿)、一丝仔 zit⁸ si¹ a³(一丁点儿),有时也表示时间短,如一刻仔 zit⁸ kik⁷ a³(一会儿)等。

(二)闽南话的"仔"尾表示小,也可用复合词尾

闽南话的"仔"尾表示小,也可以用复合词尾"仔囝 a³ giã³"、"囝仔"、"头仔 tao² a³"、"仔头",如鸡仔囝、鸡囝仔、椅仔头、椅头仔。

三、与普通话同素异序词,是古汉语词序的保留

"同素异序词"指方言与普通话语素相同,而词序相反的词,但意义一样。这种语法现象在古汉语也存在。下面举数例论证:

人客 lang² keh⁷:客人。杜甫《感怀诗》:"问知人客姓,诵得老夫诗。"白居易《酬固从事》:"腰痛拜迎人客久。"

闹热 lao⁶ liat⁸:热闹。唐·白居易《雪中晏起偶咏所怀兼呈张常侍、韦庶子、皇甫郎中》:"又不见西京浩浩唯红尘,红尘闹热白云冷,好于冷热中间安置身。"《醒世恒言·钱秀才错占凤凰俦》:"船头俱挂了杂彩,鼓乐振天,好生闹热。"

咙喉 na² ao²:喉咙。《晋书·五行志》:"昔年食白饭,今年食麦麸。天公诛谪汝,教汝捻咙喉。"《太平御览》卷八五三引南朝宋刘谦之《晋纪》:"登豆不可食,使我枯咙喉。"

鸡母 gue¹ bbu³:母鸡。北魏·张丘建《算经百鸡题》:"鸡翁一,值钱五;鸡母一,值钱三。"北宋·李觏《惜鸡》诗:"吾家有鸡母,乘春数子生。"

久长 gu³ dng²:长久。《庄子·盗跖》:"今丘告我以大城众民,以欲规我以利,而恒民畜我也,安可久长也?"唐朝韩愈《潮州刺史谢上表》:"年才五十,发白齿落,理不久长。"

又"头前 tao² zing²(前头)""面线 mi⁶ suã⁵(线面)""菜花 cai⁵ hue¹(花菜)""千秋 cian¹ ciu²(秋千)""风飑 hong¹ tai¹(飑风)""骹手 ka¹ ciu³(手脚)"等例子很多。这种构词形式早在诗经时代就有,如"桑柔、树桑、树檀"等就是"柔桑、桑树、檀树"的词序对调。

练习五

一、填 空

1.普通话亲属称谓词,很多用双音节,闽南话在亲属称谓前用词头"阿",请填出以下闽南话的说法:

爸爸(　　)　　妈妈(　　)　　伯伯(　　)

婶婶(　　)　　舅舅(　　)　　姐姐(　　)

2.填出闽南话表"小、少"的说法：
婴儿（　　）　　　小桌子（　　）　　　小鸡儿（　　）
一点儿（　　）　　　一会儿（　　）　　　小椅子（　　）

二、判　断

下面哪些词是闽南话，请用"是"或"不是"说明。
热闹（　　）　　　人客（　　）　　　菜花（　　）
头前（　　）　　　面线（　　）　　　风飚（　　）

第四节　存古俗，留古风

存古俗，留古风，传承古文化传统，进一步说明闽南方言是古汉语活化石。

闽南方言保留了丰富多彩的古俗语（也叫熟语）。它包括惯用语、成语、谚语、歇后语、格言等，它是民间文学一颗璀璨夺目的明珠，反映了历代劳动人民的智慧、才能和心声，传承了中国优秀的传统文化，把闽南的民俗文化说得淋漓尽致。

一、传承中国优秀的传统文化

闽南方言和文化是中国优秀传统文化的一部分，它把中华民族的传统美德，如"和为贵、孝道、诚信、言必信、行必果"等，传承下来，发扬光大。这些优秀传统文化也是社会主义核心价值观的重要内容。

（一）和为贵

"和"的本字是"龢"，"龠"读 yuè，闽南话读 yok^8，是古代乐器名，形似笛，另一边是"禾"，它是个形声字。《说文》："龢，调也。"《广韵·释诂》："和，谐也。"和谐 ho^2 hai^2（和顺），古代五音"宫、商、角、徵、羽"本不相同，但谱成曲就和谐动听，而社会上"君臣、父子、夫妻、老幼、亲疏、尊卑"等虽然有别，但若能以礼相待，也能达到和谐相处。中国自古重视礼仪文化，有"礼仪之邦"的美称。《礼记》曰："人所以为人，礼仪也。"子产曰："夫礼，天之经也，地之义也，民之行也。"荀子曰："人无礼则不生，事无礼则不成，国无礼则不宁。"孔子曰："为政先礼。"正因为礼在为政中的重要性，孔子强调"以礼修身""不学礼，无以立也"。有了礼，家庭、学校、社会、国家才能平安和谐。

《论语·学而》曰："礼之用，和为贵。"闽南话保留古汉语"和"的意义和用法,在口语中,单说一个"和"字,就能表示和谐、友好。如"伊甲人真和,无甲人冤家(他跟人家很友好,没有跟人家吵架)","厝边头尾真和(左邻右舍非常和睦)"。闽南人提倡做"古意人 goo³ yi⁵ lang²(古道热肠)",对人要"好所行 ho³ soo³ giã²(朴实、热情)",待人、处事、言行要"照纪纲 ziao⁵ ki³ gang¹(照规矩)",交友要"势 ggao² 做人(热情帮助别人)",遇见事情要"吞忍 tun¹ lun³(忍耐)",求同存异,做一个"有量、好量"的人。其中,"古意人、好所行、势做人、照纪纲"等都是惯用语。又谚语"加交一个朋友加一条路,加一个冤家加一堵墙""隔壁亲情 cin¹ ziã²,礼素照行(无论邻居还是亲朋好友,都要互相尊重,按礼数行事)"。不要"我看你陪陪(pu³ pu³,本指霉菌盖住看不清,比喻看不起),你看我雾雾(bbu⁶ bbu⁶,被雾蒙住,看不清,也比喻瞧不起)",因为千金易得,知己难求。人们在交际中,有时用委婉、含蓄的语言就能达到交际上的和谐,因为"良言一句三冬暖,恶语伤人六月寒"。当然,自己熟悉的知己、朋友,因相互了解,即可直言不讳。我认为帮助朋友实际上就是帮助自己,正如古语所言"助人者恒助之,爱人者恒爱之"。人人都相互关爱,事业才能成功,人生才更加美好,自己先去爱人、助人、关心人,每个人都这样,人生岂不更美?世界怎能不和谐!

  闽南俗语中有关和谐、和为贵的例子还很多,如"家和万事兴,家不和万世穷"、"家不和,人看无(家庭不和睦,被人瞧不起)"、"姑嫂会和好,厝边拢阿咾(long³ o¹ lo³,都赞扬)"、"和气生财,生理捷捷来"、"三人四样心,趁钱无够买点心"。闽台传承这些俗语,用它来教育下一代,目的是建立一个和谐的家庭、学校、社区、社会、国家,这跟《礼记·学记》"独而无友,则孤陋寡闻",《论语》"有来无往,非礼也",《论语·学而》"学而时习之,不亦说乎?有朋自远方来,不亦乐乎?人不知而不愠,不亦君子乎"是一脉相承的,也只有传承儒家"仁者爱人也"的传统文化,才能达到"和为贵"。正如一首童谣这么说:

lin² ho² zue⁵ dat⁸ zi²,　bbi³ dik⁷ duan² bban⁶ ni²
人　和　最　值　钱,　美　德　传　万　年。
lang² gong³ ho³ cin¹ cik⁷, m⁶ dat⁸ ho³ cu⁵ bi¹
人　讲　好　亲　戚,　呣　值　好　厝　边,

直译如下:

人和最值钱,美德传万年,
人说好亲戚,不如好邻居。

(二)孝 道

公元前一千多年已经出现"孝"的观念。河南安阳出土的殷墟甲骨文也有"孝"的象形字"𫊧",像儿子背着稀发的老人,这象形字载负着中国传统文化意蕴和观念,如闽南童谣所说:

zit⁸ e² li⁶ zin¹ kiao³ bbiao⁶
一 个 字, 真 巧 妙 (一个字,很巧妙)。
e⁶ si⁶ zu³ ding³ si⁶ lao⁶
下 是 子, 顶 是 老 (下是子,上是老)。
ding³ e⁶ zoo³ hap⁸ tak⁸ zue⁵ hao⁵
顶 下 组 合 读 作 孝 (上下组合读作孝)。
zun¹ lo³ ai⁵ cin¹ long³ dioh⁸ gi⁵ diao² diao²
尊 老 爱 亲 拢 着 记 牢 牢 (尊老爱亲都要记得牢)。

儒家倡导"孝"是"百行之首,德之本也",《孝经》开篇就讲:"夫天之经也,地之义也,民之行也。"孔子认为"上至天子,下至庶人"等各种身份的人都要讲孝道。《孝经》卷七指出:"教以孝,所以敬天下之为人父者也,教以悌,所以敬天下之为人兄者也。"儒家认为单纯在物质上赡养父母,不足以谓孝,尊敬老人重在"敬"字上。孔子认为:"今之孝者,谓之能养,至于犬马,皆能所养。不敬何以别乎?"朱熹提出"世道人心",认为"孝"不仅是人间亲情,道德情感的意义,而且是天理所寓的义职和天职,不孝是天理所不容!

儒家的"孝悌"也渗透在闽台方言俗语和文化中。闽南谚语中就有"爸是天,母是地,食着果子忆天地""要知爸母恩,手咧抱囝孙""在生有孝,较好死了哭""钱银千千万,唔值囝孙有才干""苦老无苦穷,苦囝赡精灵"(孩子没出息是父母最大的担心,也是孝行的一个方面)。从上面谚语看出孝行和孝心都重要,养之厚比祭之厚更重要,精神赡养和物质赡养都重要。精神赡养除对父母体贴,无微不至地关怀外,更重要的是儿女有出息,有才干,"近而事父母,远而事社稷",这样不仅使父母无后顾之忧,还能为自己,为父母,为国家争光。

要如何行孝,《弟子规》的一些教导,值得我们躬行:

《弟子规》3：父母呼，应勿缓，父母命，行勿懒。
《弟子规》4：父母教，须敬听，父母责，须顺承。
《弟子规》14：亲有疾，药先尝，昼夜侍，不离床。
《弟子规》17：兄道友，弟道恭，兄弟睦，孝在中。

闽南方言俗语中有关传承优秀传统文化的例子还很多，上面仅举两例说明之。

二、传承民俗文化

闽南谚语很有特色，除传承古代传统文化，又有地方特色的民俗文化。谚语和民俗文化的关系是十分密切的。方言学家温端政认为："民俗是第一性的，先有某些民俗，然后才产生与这种民俗相联系的词语、谚语。而民俗的形成和推行却必须有一套和这种民俗相联系的独特词语。"我们的祖先觉得自然界的恒固远胜于人寿的短促，自然界的势力远非人的能力所能比拟的，便产生自然界无限的观念。当生产力不断发展，生产范围有所扩大后，经过长期生产实践，人们逐渐认识到许多自然现象与经济生活密切相关，因此对自然界加以神化，当自然界给人们的祸福无法解释时，他们把一切归于神的效力，是神主宰一切并对自然神产生崇拜，希望求其援助。闽南人崇拜天神，称为天公（玉皇大帝），太阳神称为日头公，雷神称为雷公，土地神称为土地公（福德正神），月亮神称为月娘嬷等，慢慢形成祭拜自然神的民俗，便用语言文字符号传承下来成为民谚。下面举例说明之：

"天顶天公，地下母舅王"。天上玉皇大帝最大，这是众所周知的，闽南谚语就有"初九供（$ging^5$，祭祀）天公，十五上元暝（mi^2，夜）"的民俗。按闽南的婚俗，外甥结婚，要请舅公做主持，并安排在主桌坐"大位"（主位），表示亲戚中舅舅的身份最尊贵，被称为"母舅王"。如果母亲去世，闽南一句俗话"死爸扛去坮（dai^2埋），死母等人来"。母亲死后要等舅舅来确认后才能入殓。这种民俗与原始母系氏族社会有关。《吕氏春秋·恃君览》："其民聚生群处，知母不知父。"所以母亲这边的亲戚特别是母舅的地位最高。这是母系社会留下的痕迹，此民俗正在消失中。

"二月二（li^6），土地公做忌（gi^6）"、"二月二，薄饼忌"。闽南人在二月初二以薄饼（用薄的面皮包佐料，像春卷，但春卷用油炸过，薄饼不用油炸）来祭祀。据说明朝以后，祭祀土地神的社日定为农历二月初二，人们认为蛰伏冬眠的动物被"惊蛰"的雷声惊醒，到"春分"时破土而出，所以在这两个节气之间的二月初二祭拜土地神以安土地，感恩土地，求得六畜兴旺、五谷丰登。

"土",《说文解字》:"地之吐生万物者也。""二"象地之上土之中,"丨"物出形也,象形字。大地,土壤是人们祖祖辈辈繁衍生息的土地,人们认为"头顶一片蓝天,脚底一抔热土,有了这一抔热土,我们才有立足之地,生存之地。"在今天来说,也有现实意义,人们除了敬畏土地,还要热爱土地,保护土地。后来,商家又把土地神作为财神来祭拜,每月初二、十六祭拜两次,二月初二是头牙,十二月十六是尾牙,才有了谚语"尾牙面忧忧,头牙捻喙须"(尾牙担心是否会被老板炒鱿鱼,所以忧心忡忡,头牙工作已稳定,捻着胡子表示无忧无虑,开始一年的生计)。

闽南还保留不少古代物质文化,如除夕夜全家围炉吃团圆饭时,要吃一道蚶,吃完后,把蚶壳洗净,撒在床铺下,边撒边念"掖 ia^{6}蚶壳钱,明年大趁钱(撒蚶壳钱,明年赚大钱)"。因秦以前,用贝币当钱,后来贝币不够用,逐步有骨币、蚌币、石币、铜币等,闽南人把蚶壳当钱是古代贝币的活化石。语言和文化的关系从文字结构来看一目了然,和钱有关的字,如"财、货、贷、贡、贿、赂、赠、赊"都属"贝"部。自秦后,废币行钱。

闽南方言保留古汉语字、词、句、俗语等与中原古文化十分密切。这些古汉语活化石使得传统古文化得以保留和传承;这古汉语活化石繁衍生息在闽台、南洋,乃至世界各地的唐人街和华人社区里,它承载着传承闽南文化的重任,它传播和记录千年民风,使华夏文脉能活态传承。

练习六

一、举例说明闽南方言存古俗、留古风表现在哪些方面?

二、举例说明闽南方言的古俗语与中国优秀的传统文化是一脉相承的。

三、背诵童谣《孝》,你是怎么孝敬父母和爷爷奶奶的。

四、为什么说"人讲好亲戚,呣值好厝边"?

第三章　闽南话的声母

第一节　闽南传统韵书《十五音》

古时候没有精确记录语音的注音符号、音标,声母是用汉字来代表的。闽南传统韵书十五音,就是用十五个汉字来表示十五个声母。

一、简介闽南传统韵书

闽南传统韵书很多本,但目前流行在闽南地区影响较大的传统地方韵书有三本:

一是反映早期闽南方言的代表点是泉州音的《汇音妙悟》(全称《新镌汇音妙悟全集》),成书于公元1800年,作者黄谦,字思逊,号柏山主人,泉州人。

二是记录闽南方言两百年前漳州音的《汇集雅俗通十五音》。作者谢秀岚,初版于1818年。据黄典诚教授的《漳州〈十五音〉述评》认为谢秀岚应是一个不在士林之中的落第秀才,平时读了不少书,对"小学"("小学"古代还指研究文字、音韵、训诂的学问)特别有兴趣,在音韵学上下过一番苦功,颇有独到之处。

三是反映《康熙字典》后的闽南方言韵书《渡江书十五音》,编撰年代待考,作者无名氏。反映何地音待考。

二、十五音的代表字

三部韵书十五音的代表字大同小异,我们以《汇集雅俗通十五音》为代表构拟闽南方言的十五个声母,它们是:边、颇、门、地、他、柳、曾、出、入、时、求、气、语、喜、英。这十五个音分别是 b、p、bb、d、t、l、z、c、zz、s、g、k、gg、h、∅(零声母)。

二十世纪八十年代出版的《普通话闽南方言词典》拟定的《闽南方言拼

音方案》的声母就是十五个,这方案随闽南方言的著作、教材、论文走遍闽南地区、台湾地区、东南亚各国乃至全世界有闽南人的地方。他们借助拼音方案为拐棍儿无师自通,学会闽南话。后来学者们在使用中,觉得门(bb)、柳(l)、语(gg)这三个字母与鼻化韵母相拼时,因受鼻化韵母逆同化读成 m、n、ng 声母,才增加 m、n、ng 三个鼻音声母,这问题在后面鼻化韵母这一章会详细介绍。

练习七

一、目前流行在闽南地区的传统韵书有哪三本,请说出书名、作者、出版时间、代表哪里的音。

二、请填出十五音代表字所构拟的声母。为什么古人要用这十五字作为声母的代表字?

边（   ）　颇（   ）　门（   ）　地（   ）

他（   ）　柳（   ）　曾（   ）　出（   ）

入（   ）　时（   ）　求（   ）　气（   ）

语（   ）　喜（   ）　英（   ）

第二节　闽南话的声母

语音是语言的声音,是语言的物质外壳,语音跟一般声音不同,它是代表一定意义的。在讲解闽南话声母、韵母、声调等知识前,先了解语音的有关术语是很有必要的。

一、简介语音的有关术语

声母、韵母、声调是我国研究汉语语音提出来的一套专门术语,它是按照汉语音节结构特点加以划分的。讲解声母之前,把有关的术语顺便简介一下。

(一)音　节

语音结构的基本单位。在一连串声音中,存在由于发音器官的肌肉松紧而形成的自然语音片断。例如"闽南话"这三个字,肌肉紧张了三次,就是三个音节,写下来就是三个汉字。就汉语来说,一个汉字基本上就是一个音节,但也有例外,如"闽南话"的"siang²"是"啥人 siã³ lang²"的合音,写起来两个字,读起来一个音,又如普通话的儿化韵,"花儿 huar",写起来两个字,读 hua 的同时要卷舌,所以是一个音。

(二)音 素

语音结构的最小单位,音节是由音素组成的。闽南话和普通话一样,一个音节最少一个音素,如"阿 a",最多四个音素,如"怪 guai""中 diong¹"。音素包括元音和辅音。

(三)元音和辅音

1.元 音

元音也叫母音。发音时,气流从肺部出来振动声带,发出清晰响亮的声音,气流通过口腔时不受任何阻碍。如 a、o、i。

2.辅 音

辅音也叫子音。发音时,气流从肺部出来不一定振动声带,通过口腔时受到一定的阻碍而发出的声音。如 b、p、d、t、l。

从音素系统分析,如下图。

$$音节—音素\begin{cases}辅音\\元音\end{cases}$$

从声韵系统分析,如下图。

$$音节\begin{cases}声母\\韵母\end{cases}声调$$

(四)声母、韵母、声调

1.声 母

声母是音节开头的部分。如"漳州 ziang¹ ziu¹""泉州 zuan² ziu¹",它们的声母都是 z。声母一般是由辅音充当的,但也有的音节没有声母,如"爱 ai⁵""锅 e¹",它们是零声母音节。

2.韵 母

韵母是音节中声母后面的部分。如"漳州"的韵母分别为"iang""iu"。韵母一般是由元音充当的,但也有以元音和鼻辅音充当的。如"爱 ai⁵""安 an¹""呣 m⁶""黄 ng²"。

3.声 调

声调指音节的高低升降。也叫字调。如"中 diong¹"的声调贯串整个音节,高而平。

下面介绍闽南方言十五个声母的发音部位和发音方法。

二、闽南方言声母表

下面我们用声母表详细介绍闽南方言声母的发音方法和部位。

表3-1 声母表

发音方法＼发音部位	塞音			塞擦音			鼻音	边音	擦音
	不送气	送气	不送气	不送气	送气	不送气	浊音	浊音	清音
	清音	浊音		清音		浊音			
双唇音	b[p] 边房	p[p'] 颇蜂	bb[b] 门无				(m) 妈摸		
舌尖前音				z[ts] 曾庄	c[ts'] 出菜	zz[dz] 入而			s 时苏
舌尖中音	d[t] 地知	t[t'] 他彻					(n) 努泥	l 柳男	
舌根音	g[k] 求狂	k[k'] 气去	gg[g] 语言				(ng[ŋ]) 雅我		h 喜欢

(1)表中声母第一个例字是漳州韵书《汇集雅俗通十五音》的字母。[ ]内的音是国际音标。另外一个字母"英"是零声母,国际音标写为∅,代表零声母。上面声母都属于辅音。

(2)发音方法有塞音、塞擦音、擦音、鼻音、边音、清音、浊音、送气、不送气等,下面做简要解释。

塞音,也叫"爆发音",发音时气流通路完全阻塞,然后突然开放,让气流爆发出来而成音。如b、p(双唇塞音),d、t(舌尖塞音),g、k(舌根塞音)。

擦音,也叫"摩擦音",由发音器官造成缝隙,然后摩擦成音。如h、s。

塞擦音,由"塞音"和"擦音"紧密结合而成的辅音。发音时,最初形成阻碍的部分完全闭塞,随后打开闭塞部分,让气流从缝隙流出而成的一种辅音。如z、c。

鼻音,由鼻腔起共鸣作用的辅音。如m、n、ng。

边音,由气流沿舌头两边通过而构成的辅音。如l。

清音,辅音的一类,由气流受阻构成,不振动声带,不带乐音。如b、p、d、t。

浊音,辅音的一类,发音时,除气流受阻外,同时振动声带。如 bb、l、m。
送气音,塞音和塞擦音的发音,除阻时外出气流较强。如 p、t、c。
不送气音,送气音的对称,除阻时外出气流较弱,如 b、d、z。

三、学习闽南话声母的难点

(一)主要难点

bb、zz、gg 这三个浊音声母的发音是主要难点。

1.bb

发音部位与 b 相同,都是双唇音。不同的是,发 bb 要颤动声带,属浊音,发 b 不颤动声带,属清音。

2.zz

发音部位与 z 相同,都是舌尖前音。不同的是,发 zz 要颤动声带,属浊音,发 z 不颤动声带,属清音。漳州地区还保留 zz 声母,所以是十五音,而厦门、泉州、台湾等地区已把 zz 声母的字读成 l 声母,所以是十四音,如热、儿、日、入。

3.gg

发音部位与 g 相同,都是舌根音,也叫舌面后音,发 gg 要颤动声带,属浊音,发 g 声带不颤动,属清音。

表 3-2 对比辨音示例

b—bb	g—gg
比 bi^3——米 bbi^3	猴 gao^2——努 $ggao^2$
爬 be^2——糜迷 bbe^2	旗 gi^2——疑 ggi^2
婆 bo^2——无 bbo^2	寡 gua^3——我 $ggua^3$
把 be^3(一~米)——马 bbe^3	群 gun^2——银 $ggun^2$
办 ban^6——万 $bban^6$	久 gu^3——语 ggu^3

(二)bb、l、gg 与 m、n、ng

bb、l、gg 声母若与鼻化韵母相拼时,由于受到后面鼻化韵母的逆同化,使声母变成 m、n、ng。为了学习方便,增加 m、n、ng 三个声母。用 m、n、ng 三个声母,可省略鼻化符号"~"。

表 3-3　声母变化示例

bb—m	味 bbi⁶ — 面 bbī⁶→mi⁶
l—n	离 li² — 泥 lī²→ni²
gg—ng	义 ggi⁶ — 硬 ggī⁶→ngi⁶

练习八

一、填 空

1.请根据发音方法把下面声母填入括号内——p、d、l、z、s、bb、gg、k、m：

塞音（　　）　　塞擦音（　　）　　擦音（　　）

鼻音（　　）　　边音（　　）

2.请根据发音部分把下面声母填入括号内——g、zz、t、h、l、b：

双唇音（　　）　　舌尖前音（　　）　　舌尖中音（　　）

舌根音（　　）

二、思 考

学习课文中对比辨音的例字，读出清音 b、g 与浊音 bb、gg 的区别。

第四章 闽南话的声调

声调是音节的音高变化,它是伴随着音节里的韵母一起发音的。

第一节 声调、调类、调值

声调是音节的高低升降或曲折变化的表现,是汉语及其方言语音上的重要特点。汉语及其方言是有声调的语言,通过声调的不同来辨义。它由调类和调值组成。

调值:音节高低升降曲直长短的型,也是声调的实际读法。

调类:声调按调值的分类。把调值相同的字归在一起所建立的类。

古汉语有四个调类:即平、上、去、入。《康熙字典》上这样描写它们的调值的:平声平道莫低昂,上声高呼猛烈强,去声分明哀远道,入声短促急收藏。

普通话有四种不同的调值,分为四个调,古入声已消失,分别派入阴平、阳平、上声、去声。测出声调的高低升降调值采用五度标记法。

普通话用调号来表示阴平 ā、阳平 á、上声 ǎ、去声 à,因普通话四个声调的调值与调号相符,见图 4-1。

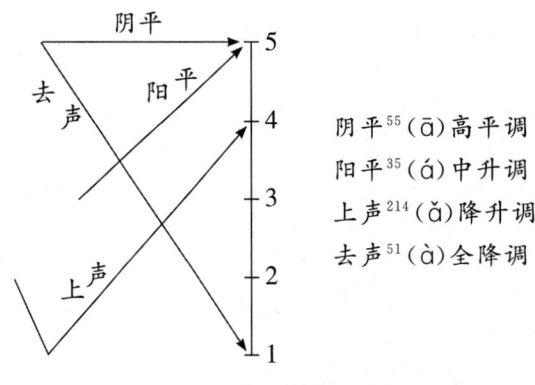

图 4-1 四声调值调号示意

📖 练习九

一、什么是声调、调类、调值?
二、普通话有几个调,分别读出各调的调值。

第二节 闽南话的声调

闽南话的声调有七种调值,就有七个调类,厦门和漳州七个声调的名称是阴平、阳平、上声(实际上是阴上,因阳上归阳去)、阴去、阳去、阴入、阳入。泉州也是七个调,但它上声分阴上、阳上,去声只有一个,不分阴阳。

下面我们采用五度标记法来描写厦门话的七个声调。

闽南话调类多,采用调号不能如实反映其调值的高低升降,所以采用数字标调法。图4-2以厦门话为代表,调值采用五度标记法:阴平44,阳平24,上声53,阴去21,阳去22,阴入32,阳入4。

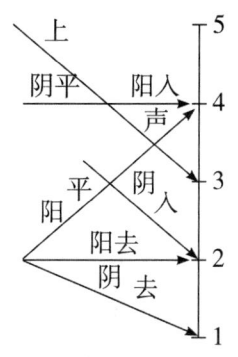

图4-2 厦门话七个声调示意

一、闽南话声调表

表4-1介绍厦、漳、泉的调类、调名、调值的关系,请详看。

表4-1 调类、调名、调值

调类	调名	调值	例字
第1调	阴平	44 次高平调 33 中平调〈泉〉	阿 a¹ 东 dong¹
第2调	阳平	24 中升调〈厦、泉〉 13 低升调〈漳〉	啊 a² 同 dong²
第3调	上声〈厦漳〉 阴上〈泉〉	53 高降调 544〈泉〉	仔 a³ 董 dong³
第4调	阳上	22 低平调	□a⁴〈泉〉 动 dong⁴〈厦漳〉

续表

调类	调名	调值		例字
第5调	阴去〈厦漳〉	21 低降调	31 中降调〈泉〉	亚 a^5～军　栋 $dong^5$
第6调	阳去〈厦漳〉	22 低平调		也 a^6～是　洞 $dong^6$
第7调	阴入	32 中降调〈厦、漳〉		鸭 ah^7
		4 高促调〈泉〉		督 dok^7
第8调	阳入	4 次高促调〈厦〉		盒 ah^8
		121 低升促调〈漳〉23〈泉〉		独 dok^8

表 4-1 中 1、3、5、7 表示阴调类（阴平、阴上、阴去、阴入）；2、4、6、8 表示阳调类（阳平、阳上、阳去、阳入）；泉州有 4（阳上），5、6 合为 5（阴去、阳去合为去声，没有 6）；厦、漳无 4（阳上是 4，阳上读同阳去，如古阳上字"动"读同阳去字"洞"，阳上归阳去 6）；阴入、阳入的元音后面"-h"是代表喉塞音，发音短促，入声短促急收藏。"ah"是喉塞单韵母。下面用单元音韵母 a 和喉塞单韵母 ah 来练习厦门音的七个声调。

表 4-2　a 与 ah 厦门音的七个声调

调名	阴平	阳平	上声	阴去	阳去	阴入	阳入
调类	a^1	a^2	a^3	a^5	a^6	ah^7	ah^8
调值	44	24	53	21	22	32	4

二、学习闽南话声调的难点

闽南话的声调比较复杂，阴平和阳去的高低常分不清。虽然它们都是舒声调（所谓舒声指声调的音值舒缓，可延长），又都是平调，但却有高低的区别；阴入和阳入都是促声调（即指入声，声调的音值显得急促，影响韵母的音值短促，不能任意延长），所以要记得读成短促调。

(一) 阴平和阳去比较

阴平是次高平调 44，阳去是次低平调 22，要注意区别其高低。

表 4-3　阴平与阳去对照表

阴平 44	阳去 22
a^1 阿	a^6 也～是
i^1 伊	i^6 预
e^1 锅	e^6 会

(二)阴入和阳入比较

阴入调值 32，阳入调值 4(高短调)，要读成短促调。如鸭 ah^7、盒 ah^8。普通话的入声调已消失，分别归入阴平、阳平、上声、去声，所以现在发入声调有点困难。

(三)闽南话和普通话上声调比较

要注意区别普通话和闽南话上声的调值。普通话上声调值是 214 曲折调(降升调)，方言是高降调 53，从五度降到三度。如椅 i^3、我 ggua^3、你 li^3、好 ho^3。

练习十

一，什么是舒声调和促声调？闽南话的舒声调是哪几个？促声调是哪几个？

二，厦门话七个调的调名和调值是什么？为什么没有阳上调 4？

三，闽南话采用什么标调法，请练习厦门话 a、ah 七个声调的读法：a^1、a^2、a^3、a^5、a^6、ah^7、ah^8。

四，练习课文中学习闽南话声调的难点，进行对比辨音。

第五章 闽南话韵母(一)

闽南话韵母比较复杂,与隋陆法言的《切韵》相当吻合。闽南方言传统韵书中的韵母也用汉字来表示。韵书《渡江书十五音》采用四十三部分七音,如用"君滚棍骨群郡滑"字母表示 un 韵母和 ut 韵母的七个调。下面我们分为单韵母、复韵母、鼻化韵母、鼻化入声韵母、鼻韵母、入声韵母等类别来学习。

第一节 单韵母

韵母是音节中声母后面的部分。如漳州,这两个音节的韵母是 iang、iu。韵母一般由元音充当,但也有用元音加辅音、元音加入声韵尾或辅音来充当的。如南 lam^2、泉 zuan^2、合 hap^8、呣 m^6、黄 ng^2,闽南话的韵母类型多,且相当复杂。单韵母分为单元音韵母、喉塞单韵母、鼻辅音单韵母、鼻辅音喉塞单韵母。

一、单元音韵母

由单元音组成。闽南话的单元音韵母,厦门有六个、漳州七个、泉州八个。发音时不受任何阻碍,声带要颤动,乐音。它们是:

a 阿姨的阿　　　i 我你伊的伊　　　u 有无的有
e 锅仔的锅　　　o 蚵仔的蚵　　　　oo 乌白的乌
ee 下面的下〈漳〉　uu 鱼头的鱼〈泉〉　ə 起火的火〈泉〉

它们都是舌面元音,请看舌位图。[　]内是国际音标。它们的发音部位如下:

请注意以下规律:

a:舌位低不圆唇元音。根据舌位的前、央、后分为前 a(用于发

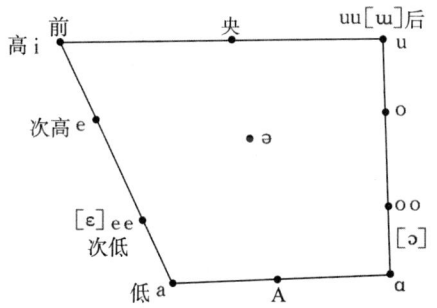

图 5-1　单元音韵母发音舌位图

am、an)、央 A(用于发"他",ia、ua)、后 a(用于发 ang、iang 等)。本书书写统一用 a。

　　i:舌面前高不圆唇元音。
　　u:舌面后高圆唇元音。
　　e:舌面前次高不圆唇元音。
　　o:舌面后次高圆唇元音。
　　oo:舌面后次低圆唇元音,国际音标写[ɔ]。
　　ee:舌面前次低不圆唇元音,国际音标写为[ɛ]。
　　ə:央元音,嘴唇扁平,舌根略向后,口型成自然。
　　uu:舌面后高不圆唇元音。[ɯ]是国际音标。

它们都是舌面元音,能发出不同的音,是由舌位高低、前后和唇形圆与不圆形成的。

学习闽南话单元音韵母的难点:

其一,注意分别 o 与 oo,oo 开口度比 o 大。

表 5-1　o、oo 韵母例字

带 o 韵母	哥	科	罗	多	嫂	号	阿~咾(赞扬)
带 oo 韵母	姑	箍	卢	都	所	雨	乌~色(黑色)

其二,注意分别 e 与 ee,ee 开口度比 e 大。ee 是漳州音,漳州 ee 韵母的字,厦门话一般读 e。

表 5-2　e、ee 韵母例字

带 e 韵母	马	加	提	西	锅
带 ee 韵母	马	家	茶	厦~门	

其三,注意分别 u 与 uu,都是舌面后高元音,u 圆唇,uu 不圆唇。

表 5-3　u、uu 韵母例字

带 u 韵母	主	珠		句	拘~留	厨	树~立
带 uu 韵母	煮	书	读~(zuu¹)	锯	居~民	除	伺~机

二、喉塞单韵母

喉塞单韵母是单元音与喉塞音(国际音标为 ʔ)组成的,闽南话喉塞音用 -h 来表示。发元音的同时,舌根抬高,阻塞气流,发出短促的音。

闽南话的喉塞单韵母厦门有六个,漳州和泉州都是七个。

ah 鸭 鸡~的鸭　　　　　　ih 鳖 龟~的鳖(bih⁷)
uh 发~芽的发(buh⁷)　　　eh 厄
oh 学~堂的学　　　　　　ooh 喔~~啼的喔
eeh 客人~的客〈漳〉　　　əh 月~娘的月(ggəh)〈泉〉

请辨音(单元音韵母和喉塞单韵母):

a—ah　　i—ih　　u—uh　　e—eh　　o—oh
oo—ooh　　ee—eeh　　ə—əh

三、鼻辅音单韵母

发音时,发音器官两部位形成阻碍,没有除去阻碍,也叫声化韵母。它们是:

m:发音时双唇紧闭,气流从鼻孔出来,发出它的本音。如:"呣"m⁶~来(不来);"姆"m³ 阿~(伯母);"莓"m² 花~(花蕾);"梅"m² 杨~。

ng:发音时舌根抬高,与软腭接触,气流从鼻孔出来,如:"秧"ng¹ 插~;"黄"ng² 姓~。

四、鼻辅音喉塞单韵母

由鼻辅音和喉塞音(-h)组成的,发辅音的同时,舌根抬高,阻塞气流,发出短促的音。它们是 mh、ngh,一般充当拟声词。

五、比较单元音韵母、喉塞单韵母的七个声调

要注意区别单元音韵母和喉塞单韵母的不同发音方法。

表5-4 单元音韵母、喉塞单韵母七个声调

阴平	阳平	上声	阴去	阳去	阴入	阳入
a^1	a^2	a^3	a^5	a^6	ah^7	ah^8
i^1	i^2	i^3	i^5	i^6	ih^7	ih^8
u^1	u^2	u^3	u^5	u^6	uh^7	uh^8
e^1	e^2	e^3	e^5	e^6	eh^7	eh^8
o^1	o^2	o^3	o^5	o^6	oh^7	oh^8
oo^1	oo^2	oo^3	oo^5	oo^6	ooh^7	ooh^8

练习十一

一、厦门话的单韵母(包括单元音韵母、喉塞单韵母、鼻辅音单韵母、喉塞鼻辅音单韵母)有几个?请写出来。

二、练习单元音韵母、喉塞单韵母的七个声调。

三、拼读以下音节,学习闽南话的常用词语。

$a^1 ba^2$(阿爸) $a^1 ma^2$(阿妈)

$a^1 beh^7$(阿伯) $a^1 m^3$(阿姆:伯母)

$a^1 yi^2$(阿姨) $a^1 zi^3$(阿姊)

$a^1 gu^6$(阿舅) $a^1 so^3$(阿嫂)

$sio^3 di^6$(小弟) $sio^3 bbe^6$(小妹)

$da^6 boo^1$(丈夫:男人) $za^1 bboo^3$(查某:女人)

$da^6 ge^1$(大家:婆婆) $sin^1 bu^6$(新妇:媳妇)

$a^1 goo^1$(阿姑:姑姑) $ga^1 gi^6$(家己:自己)

$ga^5 si^6$(教示:教育) $doh^7 a^3$(桌仔:桌子)

$e^1 a^3$(锅仔:锅) $o^2 a^3$(蚝仔:海蛎)

$oo^6 a^3$(芋仔:芋) $du^2 a^3$(橱仔:橱子)

$yi^3 a^3$(椅仔:椅子) $do^5 lai$(倒来:回来)

$do^5 ki$(倒去:回去) $oh^8 dng^2$(学堂)

$ha^6 dai^6$(厦大) $e^6 bbng^2 dua^6 oh^8$(厦门大学)

第二节 拼 音

拼音是声母和韵母一口气连读,拼成一个音节。

一、拼音口诀

前音轻短后音重,两音相连猛一碰。

声母一般由辅音充当的,它的本音声音很小,为了教学方便,根据它的发音趋势配上元音,如 b、p 配上 o,若拼音时,声母一拉长,就变成元音了。所以必须轻短。

二、拼音方法

拼音方法很多种,下面列举四种供选择。

(一)韵母数调法

先看韵母是属哪一个调,后读到那一调,再跟声母相拼成 音节。如倍 be^6,要从第一调 e^1 数到 e^6,再跟声母 b 相拼成 be^6。

(二)韵母定调法

先看韵母属哪一个调,立刻读成韵母的调,再跟声母相拼成音节,如倍 be^6,先读 e^6,再跟声母 b 相拼成 be^6。这种方法既快又准,人们常用这种方法。

(三)音节数调法

先把声母和韵母拼成音节,后再数调,如倍 be^6,先拼 b+e 成 be,再从 be^1 数到 be^6。

(四)音节定调法

一看到音节的声韵调,马上拼成音节,这种方法要做到既快又准,必须对声韵调非常熟悉,拼音非常熟练。

表 5-5 be、beh 和 di、dih 的七个声调

飞 be^1—e^1—be^1	知 di^1—i^1—di^1
爬 be^2—e^2—be^2	池 di^2—i^2—di^2
把 be^3—e^3—be^3 一~米	底 di^3—i^3—di^3
币 be^5—e^5—be^5 人民~	致 di^5—i^5—di^5
倍 be^6—e^6—be^6	治 di^6—i^6—di^6
伯 beh^7—eh^7—beh^7	滴 dih^7—ih^7—dih^7
白 beh^8—eh^8—beh^8	碟 dih^8—ih^8—dih^8

练习十二

一、为什么拼音时要注意"前音轻短后音重"？

二、采用韵母定调法，练习 be、beh 和 di、dih 的拼音。

三、对比辨音练习

a:a^1 阿	a^2 啊	a^3 仔(鸭~)		a^6 也(~是)	ah^7 鸭	ah^8 盒(~仔，盒子)
oo:oo^1 乌	oo^2 弧(~形)	oo^3 搙(挖)		oo^6 芋	ooh^7 噁(~~吐)	
o: o^1 阿(~咾，赞扬)	o^2 蚵仔(~仔：海蛎)	o^3 袄	o^5 澳(~门)		oh^7 偲(难)	oh^8 学
e: e^1 锅(~仔)	e^2 的(我~)	e^3 哑(~狗：哑巴)	e^5 翳(目~，白内障)	e^6 会	eh^7 呃(拍~：打嗝儿)	
yi:yi^1 衣	yi^2 姨	yi^3 椅(~仔)	yi^5 意(~思)	yi^6 预(~备)		
wu:wu^1 污		wu^3 羽(~毛球)	wu^5 煦(~烧)	wu^6 有		
m:	m^2 梅(杨~)	m^3 姆(阿~)			m^6 呣(不)	
ng:ng^1 秧	ng^2 黄	ng^3 碗(手~，衣袖)	ng^5 映(~望)	ng^6 嗯(表示答应)		

注：韵母 i、u 在音节开头要加 y、w，它们的作用是分离音节的界限。如"阿姨"一词写成 ai，不用 y，读成"哀"，写为 ayi，音节就十分清楚。y 的发音同 i，名称是"呀"(ya)，w 的发音同 u，名称是"蛙"(wa)。拼写音节时，"衣"写成 yi^1，"有"写成 wu^6。

第六章 闽南话韵母(二、三)

第一节 复韵母

复韵母分为复元音韵母和喉塞复韵母。

一、复元音韵母

复元音韵母是由两个或三个单元音结合而成的浑然的整体。根据主要元音位置的前后可分三类:

表6-1 复元音韵母

前响复元音韵母	ai 哀　ao 欧
后响复元音韵母	ia 呀　io 腰　iu 优　ua 蛙 ue 挨(~弦仔:拉二胡)　ui 威
中响复元音韵母	iao 邀、uai 歪

前两类属于二合复元音韵母,第三类属于三合复元音韵母,i、u 是介音,也叫韵头,第二个元音音素是韵腹,是主要元音,发得响亮些,最后一个元音是韵尾。第一类没有韵头,只有韵腹和韵尾。

练习复元音韵母的五个声调(属于舒声韵,也叫阴声韵。阴声韵母包括单元音韵母和复元音韵母两类。简称阴声韵)。

表6-2 复元音韵母例字

	阴平	阳平	上声	阴去	阳去
ai	ai^1 哀		ai^3 矮	ai^5 爱	
ao	ao^1 欧	ao^2 喉	ao^3 拗 折~	ao^5 沤(~味)	ao^6 后
ia	ia^1 呀	ia^2 爷	ia^3 野	ia^5 瘟 (~僭,疲倦)	ia^6 掖(~种,撒种)

续表

	阴平	阳平	上声	阴去	阳去
io	io¹ 腰	io² 摇	io³ 舀(～水)		io⁶ 鹞(～鹰,一种凶的鸟)
iu	iu¹ 优	iu² 油	iu³ 友	iu⁵ 幼	iu⁶ 柚
ua	ua¹ 蛙	ua² 何(无奈～)	ua³ 倚(靠)	ua⁵ 化(～豆豉)	ua⁶ 划(谋～)
ue	ue¹ 挨	ue² 鞋	ue³ 矮		ue⁶ 话
ui	ui¹ 衣(胎盘)	ui² 围	ui³ 委	ui⁵ 畏	ui⁶ 位
iao	iao¹ 妖	iao² 姚	iao³ 夭	iao⁵ 要	iao⁶ 耀
uai	uai¹ 歪				

二、喉塞复韵母

由复元音韵母和喉塞音(-h)组成,发复元音韵母的同时,舌根抬高阻塞气流,发出短促的音,它属于入声韵,也叫促声韵,只能发阴入和阳入调。

表 6-3　喉塞复韵母

阴入	阳入
aoh⁷ 饺～薄饼(饺 gaoh⁷)	aoh⁸ 雹 落～(paoh⁸,下冰雹)
iuh⁷ 揪～带(松紧带,giuh⁷)	iuh⁸ (拟声词)
iah⁷ 挖(～墙)	iah⁸ 页
ioh⁷ 约(～谜,猜谜语)	ioh⁸ 药
uih⁷ 血(血 huih⁷)	uih⁸ 划(笔～)
uah⁷ 喝(大声～,喊叫 huah⁷)	uah⁸ 活(～动)
ueh⁷ 八(bueh⁷)	ueh⁸ 狭(窄)
iaoh⁷ 寂(静～～,ziaoh⁷)	iaoh⁸ (拟声词)
uaih⁷ (拟声词)	uaih⁸ (拟声词)

表 6-4　练习 ao、aoh、ia、iah 七个声调的拼音

交 gao¹—ao¹—gao¹	赊 sia¹—ia¹—sia¹
猴 gao²—ao²—gao²	豺 sia²—ia²—sia²
九 gao³—ao³—gao³	写 sia³—ia³—sia³
教 gao⁵—ao⁵—gao⁵	舍 sia⁵—ia⁵—sia⁵
厚 gao⁶—ao⁶—gao⁶	社 sia⁶—ia⁶—sia⁶
嗽 gaoh⁷—aoh⁷—gaoh⁷	削 siah⁷—iah⁷—siah⁷
□gaoh⁸—aoh⁸—gaoh⁸	勺 siah⁸—iah⁸—siah⁸
（拟声词）	（一～糜）

练习十三

一、练习课文里复元音韵母的五个调。

二、练习课文里喉塞复韵母的阴入调和阳入调。

三、采用韵母定调法或音节定调法练习 ao、aoh 和 ia、iah 的词语拼音。

四、拼读并掌握以下闽南话常用词语。

do¹ sia⁶（多谢：谢谢）　　　　bbian³ keh⁷ ki（免客气：别客气）

bbue⁶ yao⁵ gin³（艍要紧：没关系）

ziah⁸ bng⁶（食饭：吃饭）　　　ziah⁸ bbe²（食糜：吃稀饭）

ziah⁸ cai⁵（食菜：吃菜）　　　ziah⁸ hi²（食鱼：吃鱼）

ziah⁸ bbah⁷（食肉：吃肉）　　 ziah⁸ he²（食虾：吃虾）

ziah⁸ ge³ zi³（食果子：吃水果）

ziah⁸ yoh⁸（食药：吃药）　　　ziah⁸ de²（食茶：喝茶）

za³ ki³（早起：早上。食早起：吃早饭）

e⁶ dao⁵（下昼，也可说中昼。食中昼：吃中饭）

e⁶ hng¹（下昏：晚上。食下昏：吃晚饭）

do³ loh（倒落：哪里。倒落人：哪里人）

soo³ zai⁶（所在：地方）　　　 too² ka¹（涂骹：地板）

dai⁶ zi⁵（代志：事情）　　　　 dua⁶ hai³（大海）

hai³ sua¹ po¹（海沙坡：沙滩）　 dua⁶ loo⁶（大路）

ze⁶ hui¹ gi¹（坐飞机）　　　　 ze⁶ cia¹（坐车）

ze⁶ zun²（坐船）　　　　　　　he³ cia¹（火车）

ki⁵cia¹（汽车） dong⁶cia¹（动车）
pah⁷giu²（拍球：打球） tiao⁵go¹（跳高）
pao³boo⁶（跑步） te³cao¹（体操）
siu²zui³（泅水：游泳） sia³li⁶（写字）
tak⁸ceh⁷（读册：读书） ho³bing²yiu³（好朋友）
lam²bing²yiu³（男朋友） lu³bing²yiu³（女朋友）
lao⁶bing²yiu³（老朋友） sio³bing²yiu³（小朋友）

第二节 鼻化韵母、鼻化入声韵母

一、鼻化韵母

鼻化韵母也叫鼻化韵。发韵母时，口腔、鼻腔都打开，气流同时从口腔和鼻腔流出，使发出的韵母具有鼻音色彩。闽南方言采用国际音标的符号"～"标在元音上头来表示鼻化。如"婴"ẽ，表示"e"的鼻化（以前用-n-标在韵母前声母后，有时会产生误会，以为是"n"声母。闽南方言的入声韵母收-p、-t、-k等是采用国际音标的标法，鼻化符号也可以采用国际音标的标法比较简便。）

（一）单元音鼻化韵母

单元音鼻化韵母有五个（包括漳州一个）。

ã 馅 ～饼　　ẽ 婴～仔（婴儿）　　eẽ ～仔（婴儿）〈漳〉

oõ 唔～～䐝（哄小孩睡觉）　　ĩ 圆～仔（汤圆）

（二）复元音鼻化韵母

复元音鼻化韵韵母有九个（包括漳州一个）。

ãi 荔（～枝）　　ão 闹（吵～）　　iã 赢　　iũ 羊

ioõ 羊〈漳〉　　uãi 关　　ião 鸟　　uã 安（同～县）

ũi 惯～势（习惯）

表 6-5　鼻化韵母 iũ、uãi 组成音节的拼音

张 diũ¹ : iũ¹ → diũ¹	关 guãi¹ : uãi¹ → guãi¹⟨厦⟩ guã¹⟨漳⟩ guĩ¹⟨泉⟩
场 diũ² : iũ² → diũ²	悬（高）: uãi² → guãi²⟨厦⟩ guan²⟨漳⟩ guĩ²⟨泉⟩
长 diũ³ : iũ³ → diũ³	拐 guãi³ : uãi³ → guãi³
帐 diũ⁵ : iũ⁵ → diũ⁵	惯 guãi⁵ ~势（习惯）: uãi⁵ → guãi⁵⟨厦⟩ guan⁵⟨漳⟩ guĩ⁵⟨泉⟩
丈 diũ⁶ : iũ⁶ → diũ⁶ 姨~	县 guãi⁶ : uãi⁶ → guãi⁶⟨厦⟩ guan⁶⟨漳⟩ guĩ⁵⟨泉⟩

二、鼻化入声韵母

鼻化入声韵母是发鼻化韵母的同时，舌根抬高阻塞气流，发出既带鼻化又带喉塞(-h)的音。

(一) 单韵母鼻化入声韵

单韵母鼻化入声韵有五个（包括漳州一个）。

ãh 凹~落去　　oõh 膜薄~　　ẽh 脉动~　　eẽh 脉⟨漳⟩　　ĩh 物

(二) 复韵母鼻化入声韵

复韵母鼻化入声韵有五个。

ãoh 眅芋~~　　iãh 吓搭~　　uẽh 荚—~涂豆　　iãoh 蛲~~动　　uãih 𠳞(关门的摩擦声)

(三) 喉塞韵母与喉塞鼻化韵母比较

喉塞韵母只带喉塞成分，喉塞鼻化韵母既带鼻化又带喉塞。

ah—ãh　eh—ẽh　ih—ĩh　aoh—ãoh　ueh—uẽh
iaoh—iãoh

三、鼻化韵母与非鼻化韵母比较

学习以下非鼻化韵母和鼻化韵母词语的发音。

表6-6 非鼻化韵母和鼻化韵母

非鼻化韵母	鼻化韵母
a：焦涂 da¹too²（干土）	ã：担涂 dã¹too²（挑土）
ua：沙顶 sua¹ding³	uã：山顶 suã¹ding³（山上）
i：姨仔 yi²a³（小姨子）	ĩ：圆仔 yĩ²a³（汤圆）
e：锅仔 e¹a³（小锅）	ẽ：婴仔 ẽ¹a³（婴儿）
iu：买油 bbue³yiu²	iũ：买羊 bbue³yiũ²
ua：青蛙 cing¹wa¹	uã：同安 dang²wã¹

表6-7 鼻化韵母 ĩ，鼻化入声韵母 ĩh、ãoh、iãh 的音节

生 sĩ¹：ĩ¹→sĩ¹~日

盐 sĩ²：ĩ²→sĩ²橄榄~

闪 sĩ³：ĩ³→sĩ³（闪的白读音）

扇 sĩ⁵：ĩ⁵→sĩ⁵扇子

盐 sĩ⁶：ĩ⁶→sĩ⁶~醋（腌制）

闪 sĩh⁷：ĩh⁷→sĩh⁷~爁（闪电。sĩh是闪的俗读音）

荦 hãoh⁸：ãoh⁸→hãoh⁸芋~~（芋头不松）

吓 hiãh⁷：iãh⁷→hiãh⁷搭~（惊吓）

四、m、n、ng 声母的来源和用法

鼻化韵母与鼻化入声韵母与 bb、l、gg 声母相拼时，由于受鼻化韵母影响而逆同化，声母变为 m、n、ng，拼音时写为 m、n、ng，删去鼻化符号。

物 bbĩh⁸→mih⁸~件　　　闹 lão⁶→nao⁶~钟

瞑 bbĩ²→mi²~日（日夜）　英 gguẽh⁷→ngueh⁷——涂豆

膜 bboõh⁸→mooh⁸薄~　　蛲 ggiãoh⁸→ngiaoh⁸~~动

若鼻辅音单韵母 ng 与 bb、l 声母相拼时,由于受 ng 的逆同化,声母也可写为 m、n。

门 bbng² → mng²　　　两 lng⁶ → nng⁶

练习十四

一、练习课文中鼻化韵母 diũ 和 guãi 的五个声调。

二、练习课文中鼻化韵母 sĩ 和鼻化入声韵母 sĩh 的声调。

三、把下面字词注上拼音并作辨音练习

味(　)—面(　)　　　油(　)—羊(　)

沙(　)—山(　)　　　担(　)—焦(　)

赢(　)—爷(　)　　　关(　)—乖(　)

四、掌握以下带鼻化韵和鼻化入声韵的闽南话常用词语。

洗衫(sue³ sã¹ 洗衣服)　　　　　面线(mi⁶ suã⁵ 线面)

寒天衫(guã² tĩ¹ sã¹ 冬天衣服)　　面线糊(mi⁶ suã⁵ goo² 线面糊)

热天衫(luah⁸ tĩ¹ sã¹ 夏天衣服)　　炒面线(ca³ mi⁶ suã⁵ 炒线面)

羊毛衫(yiũ² mng² sã¹ 羊毛衣)　　物配 mih⁸ pe⁵(下饭菜)

棉毛衫(mi² moo² sã¹ 棉毛衣)　　猪肝 di¹ guã¹

睏衫(kun⁵ sã¹ 睡衣)　　　　　　青菜 cĩ¹ cai⁵

棉裘(mi² hiu² 棉衣)　　　　　　面干(mi⁶ guã¹)

泅水衫(siu² zui³ sã¹ 游泳衣)　　面粉(mi⁶ hun³)

囝儿(giã³ li² 儿女)　　　　　　面包(mi⁶ bao¹)

囝孙(giã³ sun¹ 儿孙)　　　　　鸡卵糕(gue¹ nng⁶ go¹ 蛋糕)

丈夫囝(da⁶ boo¹ giã³ 男孩)　　豆干面(dao⁶ guã¹ mi⁶)

查某囝(za¹ bboo³ giã³ 女孩)　　沙茶面(sa¹ de² mi⁶)

唱歌(ciũ⁵ gua¹)　　　　　　　卤面(loo³ mi⁶)

跳舞(tiao⁵ bbu³)　　　　　　　牛奶(ggu² ni¹)

搬戏(buã¹ hi⁵ 演戏)　　　　　豆奶(dao⁶ ni¹)

物件(mih⁸ giã⁶ 东西)　　　　　麦奶(bbeh⁸ ni¹)

第七章 闽南话韵母(四、五)

第一节 鼻韵母

鼻韵母也叫鼻音韵母。闽南方言的鼻韵母有三类,除前鼻音韵、后鼻音韵与普通话相同外,另一类双唇收尾的鼻韵母是普通话所没有的。它们属阳声韵。

鼻韵母又叫鼻音韵母,它是由元音和鼻辅音韵尾构成的。发音时,不是把元音和鼻辅音生硬地拼合在一起,而是逐渐地由元音的发音状态向鼻辅音过渡,也可说是鼻音收尾的韵母。闽南话鼻韵母分为三类,其中收-m尾的鼻韵母是古音的保留,普通话此韵尾已消失,归入-n尾。

(一)韵尾-m

发元音后,双唇紧闭,气流从鼻腔流出。

am 庵~庙　iam 掩　im 音　əm 森(泉)　om 参洋~(漳)

(二)韵尾-n(也叫前鼻音韵)

发元音后,舌尖顶住上齿龈,气流从鼻腔流出。

an 安　ian 烟　in 因　uan 弯　un 温

(三)韵尾-ng(也叫后鼻音韵)

发元音后,舌根抬高,软腭下垂,气流从鼻腔流出。

ang 翁~某(夫妻)　iang 央(漳)　ing 英　uang 风(泉)
ong 汪　iong 央

普通话 ong、iong 的"o"开口度小,闽南话的 om、ong、iong 的"o"相当于单元音的"oo",比"oo"略小,比"o"略大。

表 7-1 鼻韵母拼音练习

金 gim^1：im^1→gim^1	银 ggun^2：un^2→ggun^2
甘 gam^1：am^1→gam^1	心 sim^1：im^1→sim^1
文 bbun^2：un^2→bbun^2	明 bbing^2：ing^2→bbing^2
诚 sing^2：ing^2→sing^2	信 sin^5：in^5→sin^5
公 gong^1：ong^1→gong^1	正 zing^5：ing^5→zing^5
平 bing^2：ing^2→bing^2	等 ding^3：ing^3→ding^3
谦 kiam^1：iam^1→kiam^1	逊 sun^6：un^6→sun^6
中 diong^1：iong^1→diong^1	年 lian^2：ian^2→lian^2
状 ziong^6：iong^6→ziong^6	元 gguan^2：uan^2→gguan^2

练习十五

一、以唐诗为例,说明收-m 尾的鼻韵母是古音的保留。

二、复习课文中的拼音练习,掌握各词语的读音。

三、辨音练习(双唇收尾-m 和前鼻音收尾-n 比较)

心事(sim^1 su^6)—新事(sin^1 su^6)

心房(sim^1 bang^2)—新房(sin^1 bang^2)

深情(cim^1 zing^2)—亲情(cin^1 zing^2)

森林(sim^1 lim^2)—新人(sin^1 lin^2)

暗时(am^5 si^2)—按时(an^5 si^2)

担心(dam^1 sim^1)—丹心(dan^1 sim^1)

坩埚(gam^1 go^1)—干戈(gan^1 go^1)

粘起来(liam^2 kilai)—连起来(lian^2 kilai)

掩(yam^3)—演(yan^3)　　尖(ziam^1)—煎(zian^1)

念(liam^6)—练(lian^6)　　占(ziam^5)—战(zian^5)

四,练习俗语

zī² ggun² cian¹ cian¹ bban⁶ m⁶ dat⁸ giã³ sun¹ wu⁶ zai² gan⁵
钱　银　千　　千　　万，呣　值　囝　孙　有　才　干。(钱再多,也不如子孙有才干,说明钱不是万能的)

Koo³ lao⁶ bbo² koo³ ging² koo³ giã³ bbue⁶ zing¹ ling²
苦　老　无　苦　穷，苦　囝　 赡　 精　灵。(父母老了,担心的不是过穷困的生活,而是担心孩子不聪明,没出息)

sio¹ niu⁶ ziah⁸ wu⁶ cun¹ sio¹ ciũ⁵ ziah⁸ bbo² hun⁶
相　让　食　有　伸，相　抢　食　无　份。

tak⁸ ceh⁷ bbo² ying⁶ gang¹ ding³ wu² beh⁸ hua¹ gang¹
读　册　无　用　功，　等　于　白　花　工。(读书不用功,等于白花功夫,浪费时间)

第二节　入声韵母

入声韵母也叫入声韵。闽南话的入声韵母有四套,它们是由元音加辅音韵尾[-p]、[-t]、[-k]、[-h]构成的。

一、入声韵母

入声韵母是由元音和塞音[-p]、[-t]、[-k]或喉塞音[-h]构成的。入声韵母的发音,不是把元音和辅音生硬地拼合在一起,而是逐渐地由元音的发音状态向辅音过渡,形成阻碍,没有除阻。元音和喉塞音构成的喉塞单韵母、喉塞复韵母、鼻化入声韵母上面已学过,这里不再重复,下面学习塞音韵尾的三套入声韵母。

它们的发音方法是发音时在口腔形成阻碍并保留阻碍,读成短促急收藏的音,不能冲破阻碍。

(一)双唇塞入声韵母

发元音后双唇紧闭形成阻碍。

ip 揖作～　　ap 压　　iap 叶

(二)舌尖塞入声韵母

发元音后,舌尖顶住上齿龈形成阻碍。

it 一　　　　at 过~断　　　iat 阅
ut 熨~衫　　 uat 斡~来~去

(三)舌根塞入声韵母

发元音后,舌根抬高顶住硬腭形成阻碍。

ik 益　　ak 握把~　　iak 摔~倒　　ok 恶　　iok 约

ok、iok 中的"o"口开度比"o"大,接近"oo"。

二、喉塞入声韵母与舌根塞入声韵母比较

下面分成五组进行比较。喉塞入声韵母是发元音的同时,舌根抬高阻塞气流,发出短促的音。而舌根塞入声韵母是发元音后舌根抬高顶住硬腭形成阻碍。

$\begin{cases}\text{ih}\end{cases}$: 鳖 bih^{7}龟~　箆 bbih^{8}竹~　缺 kih^{7}嚎(唇裂)　裂 lih^8~开
$\begin{cases}\text{ik}\end{cases}$: 迫 bik^{7}压　默 bbik^8~念　刻 kik^{7}雕~　　　力 lik^8~量

$\begin{cases}\text{ah}\end{cases}$: 鸭 ah^7　　百 bah^7　　猎 lah^{8}拍~　合 hah^8~身
$\begin{cases}\text{ak}\end{cases}$: 沃 ak^{7}水　北 bak^7　　六 lak^8~十　学 hak^8~习

$\begin{cases}\text{oh}\end{cases}$: 偓 oh^7(难)　阁 goh^{7}楼~　桌 doh^7　　落 loh^8~来(下来)
$\begin{cases}\text{ok}\end{cases}$: 恶 ok^7　　国 gok^{7}中~　督 dok^7　　落 lok^8~后

$\begin{cases}\text{iah}\end{cases}$: 挖 iah^7~墙　　　　锡 siah^7　　　壁 biah^7
$\begin{cases}\text{iak}\end{cases}$: 益 iak^{7}利~〈泉〉　摔 siak^7~倒　　煏 biak^7~油

$\begin{cases}\text{ioh}\end{cases}$: 约 ioh^7~谜(猜谜)　脚 gioh^7~色(角色)　借 zioh^7
$\begin{cases}\text{iok}\end{cases}$: 约 iok^{7}条~　　　　菊 giok^7~花　　　　足 ziok^7

鼻韵母、入声韵母七个声调拼音练习。

表 7-2　zim、gun、zian、ziong 等音节的七个声调

斟 zim^1：im^1→zim^1	军 gun^1	煎 zian^1	章 ziong^1
蟳 zim^2：im^2→zim^2	群 gun^2	前 zian^2	从 ziong^2
枕 zim^3：im^3→zim^3	滚 gun^3	剪 zian^3	掌 ziong^3
浸 zim^5：im^5→zim^5	棍 gun^5	战 zian^5	将 ziong^5
浔 zim^6：im^6→zim^6	近 gun^6	贱 zian^6	状 ziong^6
执 zip^7：ip^7→zip^7	骨 gut^7	节 ziat^7	足 ziok^7
集 zip^8：ip^8→zip^8	滑 gut^8	捷 ziat^8（俗读音）	□ziok^8

练习十六

一、对比辨音。

am^{1}庵～庙	am^{2}涵沟～	am^{3}饮～糜	am^{5}暗	am^{6}领～滚（脖子）	ap^{7}压	ap^{8}盒
yam^{1}阉	yam^{2}盐	yam^{3}掩	yam^{5}厌	yam^{6}炎	yap^{7}押	yap^{8}叶
yim^{1}音	yim^{2}淫	yim^{3}饮～料	yim^{5}荫		yip^{7}揖作～	
an^{1}安	an^{2}恒（紧）		an^{5}按		at^{7}过～断	
yan^{1}渊	yan^{2}延	yan^{3}演	yan^{5}燕		yat^{7}谒～见	yat^{8}阅
yin^{1}因	yin^{2}寅	yin^{3}引	yin^{5}印	yin^{6}孕	yit^{7}乙	
wan^{1}弯	wan^{2}员	wan^{3}远	wan^{5}怨	wan^{6}缓	wat^{7}斡	wat^{8}越
wun^{1}温	wun^{2}匀	wun^{3}稳	wun^{5}酝	wun^{6}运	wut^{7}熨	wut^{8}聿
ang^{1}肮	ang^{2}红		ang^{5}瓮		ak^{7}握	
ong^{1}翁	ong^{2}王	ong^{3}往		ong^{6}旺	ok^{7}恶	
yang^{1}央〈漳〉	yang^{2}阳	yang^{3}养		yang^{6}样	yak^{7}约	yak^{8}浴
ying^{1}英	ying^{2}荣	ying^{3}永	ying^{5}应	ying^{6}用	yik^{7}益	yik^{8}浴
yong^{1}央	yong^{2}阳	yong^{3}养	yong^{5}拥	yong^{6}用作～	yok^{7}约	yok^{8}育

二、复习课文内容，辨别舌根塞入声韵母和喉塞入声韵母的读音。

三、学习以下对联的读音。

　　mui^2　lan^2　dik^7　giok^7　ko^3　yong^3　sing^5
　　梅　　兰　　竹　　菊　　可　　养　　性
　　kim^2　gi^2　su^1　wa^6　ling^2　do^2　zing^2
　　琴　　棋　　书　　画　　能　　陶　　情

cun¹ gong¹ sui² ki⁵ huan² hok⁷ lai²
春　光　虽　去　还　复　来
diong¹ hun² but⁷ bbian² cian¹ goo³ zun²
忠　魂　不　眠　千　古　存
ciong¹ boo¹ ku¹ ok⁷ gging² giat⁷ king⁵
菖　蒲　驱　恶　迎　吉　庆
hiã⁶ hioh⁸ du² sia² bo³ bing² an¹
艾　箬　除　邪　保　平　安

第三节　韵母总复习

上面学完单韵母、复韵母、鼻化韵母、鼻化入声韵母、鼻韵母、入声韵母等，现分门别类进行总复习。

表 7-3　闽南方言韵母表

				i 伊	ĩ 圆	ih 鳖	ĩh 物	u 有		uh 朔	(uu) 鱼
a 阿	ã 馅	ah 鸭	ãh 凹	ia 爷	iã 赢	iah 页	iãh 吓	ua 蛙	uã 安	uah 活	
oo 乌	oõ 唔	ooh 呕	oõh 膜		(ioõ) 羊〈漳〉						
o 窝		oh 学		io 腰		ioh 药					
e 锅	ẽ 婴	eh 呃	ẽh 脉					ue 话		ueh 狭	uẽh 夹
(ee) 茶	(eẽ) 婴	(eeh) 客	(eẽh) 脉	iu 优	iũ 羊	iuh 搁		ui 威	ũi 梅	uih 划	
(ə) 锅		(əh) 郭		(iə) 母							
ai 哀	ãi 耐							uai 歪	uãi 关	uaih 拽	uãih 冂
ao 欧	ão 闹	aoh 雹	ãoh 㲮	iao 妖	ião 猫	iaoh 寂	iãoh 蛲				
m 呣		mh 默		im 音		ip 揖					

续表

am 庵	ap 压	iam 掩	iap 叶		
(om) 森 (əm) 参	(op)	in 因	it 乙	un 恩	ut 熨
an 安	at 遏	ian 烟	iat 结	uan 弯	uat 越
ng 秧	ngh 蹭	ing 英	ik 益		
ang 红	ak 握	iang 漳	iak 爝	(uang) 风	
ong 汪	ok 恶	iong 央	iok 约		

韵母表共有九十五个韵母,加括号是漳音和泉音,有个别韵母比较少见,只做拟声词,常用的有八十多个。

练习十七

一、复习韵母表的韵母,练习听音、辨音、记音。

二、闽南方言韵母比较复杂,数量、类别多,注意分辨元音韵、鼻化韵、鼻韵母、入声韵母的不同。

三、拼读以下常用词语。

dian^6 ding^1(电灯)　　　　　　dian^6 zu^1(电珠:电灯泡)

ciu^3 gi^1(手机)　　　　　　　dian^6 we^6(电话)

dian^6 si^6 gi^1(电视机)　　　　dian^6 nao^3(电脑)

dian^6 hong^1 sī^5(电风扇)　　　dian^6 bing^1 siū^1(电冰箱)

liok^8 yim^1 gi^1(录音机)　　　sue^3 sã^1 gi^1(洗衫机:洗衣机)

liok^8 siong^6 gi^1(录像机)　　wi^2(bbi^2)bo^1 loo^2(微波炉)

dian^6 bng^6 e^1(电饭锅:电饭煲)　dian^6 he^3 go^1(电火锅)

ko³ siū¹（烤箱） hian³ bbi² giã⁵（显微镜）
kong¹ diao²（空调） yim¹ bin²（音频）
yim¹ hiong³（音响） liat⁸ zui³ ki⁵（热水器）
tiu¹ yiu² yan¹ gi¹（抽油烟机）
hip⁷ siong⁶ gi¹（翕像机：照相机 zio⁵ siong⁵ gi¹）
dian⁶ guan⁵、dian⁶ ban²（电罐、电瓶：热水瓶）

第八章 闽南话的连读变调、文白异读、语音构词特点

第一节 连读变调

连读变调在闽南话里很重要。它包括词变调和句变调。词变调有两字组和多字组连读变调。只有掌握变调规律才能使闽南话说得更地道。

一、连读变调

我们说话不是一个音节一个音节分开讲,而是词儿连读,这样既省力气,也能使人听懂你说的话。两个字或三个字组成词,连读时会产生变调。变调时只变前面的音节,后面的音节不变调,仍读原调。若后面音节是轻声,前面音节不变调,仍读原调。普通话也有连读变调的现象,如上声与上声相连,第一个上声音节变为阳平,如"友好"读成"油好","好米"读成"毫米","起码"读成"骑马",闽南话的变调很有规律,都是在七个声调里嬗变。

下面介绍两字连读变调表。

二、连读变调类型

(一)两字词语连读变调

前字变调,后字不变调;无论后字是什么声调,前字变调后的调值都是一样的。下面是两字连读变调表。

表 8-1　两字词语连读变调表

	阴平 44	阳平 24	上声 53	阴去 21	阳去 22	阴入 32	阳入 4
阴平 1↓6	山西 suã⁶ sai¹	山场（市郊） suã⁶ diũ²	山顶（山上） suã⁶ ding³	山势 suã⁶ se⁵	山路 suã⁶ loo⁶	山隙（山口） suã⁶ kiah⁷	山石 suã⁶ zioh⁸
阳平 2↓6	涂骹（地板） too⁶ ka¹	涂蘑（竹泥做） too⁶ lang²	涂粉（灰尘） too⁶ hun³	涂炭（煤炭） too⁶ tuã⁵	涂豆（花生） too⁶ dao⁶	涂虱（鮎鱼） too⁶ sat⁷	涂甓（土坯） too⁶ piah⁸
上声 3↓1	火山 he¹ suã¹	火炉 he¹ loo²	火尾 he¹ bbe³	火箭 he¹ zĩ⁵	火焰 he¹ yam⁶	火擦（火柴） he¹ cat⁷	火舌 he¹ zih⁸
阴去 5↓3	半间 buã³ ging¹	半年 buã³ ni²	半斗 buã³ dao³	半扇 buã³ sĩ⁵	半路 buã³ loo⁶	半节 buã³ zat⁷	半日 buã³ lit⁸
阳去 6↓5	道家 do⁵ ga¹	道门 do⁵ mng²	道歉 do⁵ kiam³	道教 do⁵ gao⁵	道路 do⁵ loo⁶	道德 do⁵ dik⁷	道白 do⁵ bik⁸
阴入 7（收 -h）↓3	铁钉 tih³ ding¹	铁锤 tih³ tui²	铁板 tih³ ban³	铁柄 tih³ bĩ⁵	铁路 tih³ loo⁶	铁笔（钢笔） tih³ bit⁷	铁勺 tih³ siah⁸
阴入 7（收 -p、-t、-k）↓8	竹篙（竹竿） dik⁸ go¹	竹筒 dik⁸ dang²	竹笭（笭甯） dik⁸ cing³	竹器 dik⁸ ki⁵	竹类 dik⁸ lui⁶	竹节 dik⁸ zat⁷	竹箬（竹叶） dik⁸ hioh⁸

续表

	阴平 44	阳平 24	上声 53	阴去 21	阳去 22	阴入 32	阳入 4
阳入 8→7	独身 dok^{7}sin^1	独裁 dok^{7}zai^2	独子 dok^{7}zu^3	独唱 dok^{7}ciũ^5	独自 dok^{7}zu^6	独一 dok^{7}yit^7	独立 dok^{7}lip^8

说明：阴平 1→6 表示阴平（第一调）变成阳去（第六调）。带喉塞尾的阴入 7 变为上声时，喉塞尾弱化甚至丢失，变为非入声韵母。若后字轻声，前字不变调。如"后日"ao^{6}lit 中的"日"读轻声，"后"仍读阳去，不变调，指后天。若"后日"ao^{6}lit^8，"日"不读轻声，"后"变调，读为阴去，指的是以后，变调不变调也可能产生变义。

（二）三字连读变调

三字连读变调，依两字连读变调类推。

好心 ho^{3}sim^1→ho^{1}sim^1
心肝 sim^{1}guã^1→sim^{6}guã^1
好心肝 ho^{3}sim^{1}guã^1→ho^{1}sim^{6}guã^1
出头天（从穷苦的环境里解脱出来）：cut^{7}tao^{2}fĩ^1→cut^{8}tao^{6}fĩ^1
环岛路 huan^{2}do^{3}loo^6→huan^{6}do^{1}loo^6

关于单音形容词三叠的变调规律和句子变调规律比较复杂，就不在这里赘述。

练习十八

一、什么是连读变调？两字变调时要变哪个音节？三字连读变调要如何变呢？

二、请把下面词语的连读变调读、写出来：

1. 两　字

闽南 bban^{2}lam^2→　　　　香港 hiong^{1}gang^3→
广州 gng^{3}ziu^1→　　　　　集美 zip^{8}bbi^3→
学堂 oh^{8}dng^2→　　　　　福建 hok^{7}gian^5→
桌顶 doh^{7}ding^3→　　　　唱歌 ciũ^{5}gua^1→

厦大 ha⁶ dai⁶→ 　　　　热天 luah⁸ tī¹→

2. 三　字

中国人 diong¹ gok⁷ lang²→
外国人 ggua⁶ gok⁷ lang²→
三角梅 sã¹ gak⁷ mui²→
水仙花 zui³ sian¹ hue¹→
鼓浪屿 goo³ long⁶ su⁶→

第二节　文白异读

普通话和汉语许多方言都有文白异读现象,而闽南方言的文白异读数量大且类型复杂。下面只作简单介绍。

一、文白异读

文白异读通常指一个字在语音上有相同的来历(即指公元601年陆法言著的《切韵》等系统的韵书里,音韵地位完全相同),而在今天汉语的某个方言里,有两个或两个以上的读音,简单的说,某字都出自一个古音来源的反切,却有两个或两个以上的读音。一类是〈文〉:指文读音,也叫读书音。闽南当地称之为"孔子白";另一类是〈白〉:指白读音,也叫说话音。闽南当地称之为"解说音"或"土音",如"飞",它在《广韵》的反切是"匪微切"。今闽南话文读音 hui¹~机,白读音 be¹〈厦〉~来~去、bə¹〈泉〉、bue¹〈漳〉,这文白异读分别用在一些多音词里,意义虽有关联,读音一般不能任意替代,这种文白异读,普通话其他方言也有,如"百"《广韵》"博陌切"。普通话读音〈文〉bó~色(县名,在广西壮族自治区),〈白〉bǎi 老~姓。柏〈文〉bó~林〈白〉bǎi 松~。

如果不是同一个古音来源,且在意义上有很大区别,那是两个词的读音,不是文白异读,如"好"ho³~人,hoõ⁵爱~。闽南方言文白异读数量大,约占常用字(词)一半左右,且类型相当复杂,下面简单的说说文白异读在词里的运用,所形成的不同意义。当然,文白异读的使用一般是有规律的,但有的是根据人们长期使用约定俗成的。

二、文白异读辨义

下面数例不同文白异读搭配,在意义上产生很大差别。

表 8-2　文白异读不同搭配

词语	文读	意义	白读	意义
丈夫	diong⁶ hu¹	丈夫	da⁶ boo¹	男人
大家	dai⁶ ga¹	专家	da⁶ ge¹	婆婆
空气	kong¹ ki⁵	大自然的气体	kang¹ kui⁵	事情（贬义）
行动	hing² dong⁶	行动，举动	giã² dang⁶	走动，行走
数目	soo⁵ bbok⁸	数码	siao⁵ bbak⁸	账目
老师	lo³ su¹	教师	lao⁶ sai¹	师傅
大寒	dai⁶ han²	节气名	dua⁶ guã²	大冷天
雨水	wu³ sui³	节气名	hoo⁶ zui³	下雨天的雨水
水气	sui³ kui⁵	漂亮，出色	zui³ ki⁵	水蒸气
鼓吹	goo³ cui¹	吹嘘，鼓动	goo³ ce¹	喇叭
出山	cut⁷ san¹	多指重新出来工作	cut⁷ suã¹	出殡
孤独	goo¹ dok⁸	孤单	goo¹ dak⁸	性情孤僻

练习十九

一、什么是文白异读？请举例说明。

二、"银行"的"行"hang² 和"行动"的"行"hing² 是文白异读吗？"行动"的"行"hing² 和"行路""giã²"是文白异读吗？为什么？

三、请练习以下汉语成语的文读音。

　　安如磐石 an¹ lu² puan² sik⁸
　　暗渡陈仓 am⁵ doo⁶ din² cong¹
　　肝胆相照 gan¹ dam³ siong¹ ziao⁵
　　节外生枝 ziat⁷ ggue⁶ sing¹ zi¹
　　唇亡齿寒 sun² bbong² ci³ han²
　　病入膏肓 bing⁶ lip⁸ go¹ hong¹

四、请练习以下闽南话成语的读音。

软涂深掘 nng³ too² cim² gut⁸（比喻软弱的被欺,甚至得寸进尺）
刣鸡教猴 tai² gue¹ ga⁵ gao²（刣:杀。杀鸡教猴。比喻杀一儆百）
枵寒清掉 yao¹ guã² cin⁵ dio⁶（因为饥寒交迫而浑身颤抖）
挽瓜揪藤 bban³ gue¹ kiu³ din²（摘取瓜果连藤也揪出来,比喻对事刨根问底或追根究底）
掠龟走鳖 liah⁸ gu¹ zao³ bih⁷（掠:抓。走:跑。抓了龟又跑了鳖。比喻顾此失彼）
掠蟳走蟹 liah⁸ zim² zao³ cih⁸（掠:抓。走:跑。抓了螃蟹又跑了梭子蟹。比喻顾此失彼）

第三节　语音构词特点

闽南方言构词方式很多种,有的是词语结构变化,有的采用词语重叠,有的采用附加法,加词头、词尾,有的是语法构词或语音构词方式。语音构词是闽南方言构词的特点之一。

一、人称代词

通过增音来表示复数。

表 8-3　人称代词单复数表示法

人称	单数	复数
第一人称	我 ggua³	阮 ggun³（gguan³）（我们） 咱 lan³（咱们）
第二人称	汝 li³（你）	恁 lin³（你们）
第三人称	伊 yi¹（他）	個 yin¹（他们）

从表 8-3 看出第一人称代词复数"阮 gguan³"或"ggun³"（我们）比单数"我 ggua³"多鼻音尾"-n",同样第二人称复数"恁 lin³"比"你 li³",第三人称复数"個 yin"比"伊 yi"多鼻音尾"-n"。这就是通过增音来表示闽南方言特有的人称代词。

二、指示代词

按照时间或空间距离的远近可分为近指和远指两种,闽南话采用换音来表示近指和远指,近指声母 z,远指声母 h,其韵母、声调不变。

表 8-4 指示代词近指或远指的区别

	近指	远指
单数	这 ze^3～是什么 即 zit^7～个人(这个人)	奚 he^3～是什么(那是什么) 迄 hit^7～个人(那个人)
复数	遮 zia^2～是什么(这些是什么)	遐 hia^2～是什么(那些是什么)
表性状等	迹 ziah^7～尔大(这么大)	赫 hiah^7～尔大(那么大)

下列四表分别例举指示处所、指示时间、指示方式、指式性状的不同。

表 8-5 指示处所近指或远指的区别

近指	远指
遮 zia^2（这儿）	遐 hia^2（那儿）
即位 zit^{7}ui^6（这里）	迄位 hit^{7}ui^6（那里）
即带 zit^{7}de^5（这里、这儿）	迄带 hit^{7}de^5（那里,那儿）
即爿 zit^{7}bing^2（这边）	迄爿 hit^{7}bing^2（那边）
即所在 zit^{7}soo^{3}zai^6（这地方）	迄所在 hit^{7}soo^{3}zai^6（那地方）

表 8-6 指示时间近指或远指的区别

近指	远指
即阵 zit^{7}zun^6（这会儿）	迄阵 hit^{7}zun^6（那会儿）
即时 zit^{7}si^2（这时）	迄时 hit^{7}si^2（那时）
即摆 zit^{7}bai^3（这次）	迄摆 hit^{7}bai^3（那次）
即过 zit^{7}ge^5（这次）	迄过 hit^{7}ge^5（那次）
即阵仔 zit^{7}zun^{6}a^3（这会儿,这时候）	迄阵仔 hit^{7}zun^{6}a^3（那会儿,那时） 赫久仔 hiah^{7}gu^{3}a^3（那时候、那些日子）
迹久仔 ziah^{7}gu^{3}a^3（最近,这些日子）	

表 8-7　指示方式近指或远指的区别

近指	远指
即样 zit⁷yiŭ⁶（这样）	迄样 hit⁷yiŭ⁶（那样）
即款 zit⁷kuan³（这种）	迄款 hit⁷kuan³（那种）

表 8-8　指示性状近指或远指的区别

近指	远指
即号 zit⁷lo⁶（这种）	迄号 hit⁷lo⁶（那种）
即款 zit⁷kuan³（这样）	迄款 hit⁷kuan³（那样）
迹尔 ziah⁷ni³（这么）	赫尔 hiah⁷ni³（那么）

三、文白读组词产生新义

有的字文白读音组成词，产生新的词义，如（字下双线是文读，单线是白读）：

zih⁷ ziap⁷
　接　接　（应接。如～人客；接洽、交涉。如～代志。指接洽事情；交接。）

zih⁷ zih⁷ ziap⁷ ziap⁷
　接 接 接 接　（频繁地应接；拉拉扯扯。如，個规日咧接接接接。指他们整天拉拉扯扯的。）

yi³　wa³
　倚　倚　（倚靠，有时也写依倚。）

liong³ ling⁶
　冗　冗　（"冗"文读本指"多余、繁忙"，"冗"白读本指不紧、松。文白读音组成词后指宽裕、充裕，有时读为 liong⁶ling⁶。）

gam³ gã³
　敢　敢　（"敢"文读指"勇敢"的"敢"，白读指过分大胆，如"敢死"，文白读音组词后成为副词指哪敢，如敢敢安尼？指哪敢这样？）

yam² sī²

盐 盐（"盐"文读指食盐，白读作动词"腌"，如"盐咸菜"指腌咸菜。文白读音组词后指汗碱。）

四、单音名词、动词、形容词重叠产生新义

单音名词、动词、形容词重叠也是利用语音手段构词的方法。

(一)单音名词二叠式

"皮、猴、边"是名词，二叠后意义产生变化。

皮 pe² 另一本义顽皮，引申为轻浮、油滑。二叠后"皮皮"比喻有点轻浮、油滑。

猴猴（gao² gao²），指有点像猴子的样子。
边边（bī¹ bī¹），指靠近边缘的地方。

(二)单音形容词二叠式、三叠式

"红、乌（黑）、臭"本是形容词，二叠后指"稍微"之义。三叠、四叠后形容语义加重。

红红 ang² ang²、乌乌 oo¹ oo¹、臭臭 cao⁵ cao⁵ 等形容稍微红、稍微黑、稍微臭。

如果是三叠式红红红、乌乌乌、臭臭臭等加重形容语气，甚至还有四叠式，白白白白（beh⁸，非常白，白极了），水水水水（sui³，漂亮极了）。

(三)单音动词二叠式

"行、坐、看"都是单音动词，二叠后表示"随意"之义。

行行 giã² giã²、坐坐 ze⁶ ze⁶、看看 kuã⁵ kuã⁵ 等表示走一走、坐一坐、看一看。

(四)形容词的生动式

为了使形容词更加生动形象，在形容词后加上重叠词语，可加重形容的程度，使其更加生动。

红支支 ang² gi¹ gi¹、乌鬼鬼 oo¹ gui³ gui³、金当当 gim¹ dang¹ dang¹ 等，可以加重形容词语气和程度，表示红艳艳、黑魆魆、金晃晃等。这种形式数

量多,使用频率高。

练习二十

一、用人称代词填空

1._____是李明。　　2._____是导游
3._____两个是好同学。　4._____是旅游团。
5._____参甲来去读册。　6._____甲_____是好朋友。

二、替换练习

1.我即阵要去公园。　　2.厦门赫尔水(sui³)。

恁阮個我	迹早迹久仔真久即阵	无来坐倒落旅游学堂	厦大 中山公园 diong¹ san¹ gong¹ hng² 南普陀 操场 cao¹ diũ²	迹尔遐尔	水大清气闹热

三、拼读下面短句并翻译成闽南话

1.li zit⁷ zun⁶ bbeh⁷ ki⁵ ze⁶ he³ cia¹ ah⁷ si⁶ ze⁶ ki⁵ cia¹?

2.ggua³ hit⁷ zun⁶ a³　kah⁷　bbo² ying²,zit⁷ zun⁶ a³ kah⁷ ying²。

3.zit⁷ ui⁶ si⁶ oh⁸ dng²,hit⁷ wi⁶ si⁶ cai⁵ ci⁶。

4.zit⁷ kuan³ mih⁸ giã⁶ zin¹ ho³ ziah⁸,hit⁷ kuan³ mih⁸ giã⁶ bbo² ho³ ziah⁸。

5.ze³ si⁶ sã¹ gak⁷ mui²,he³ si⁶ zui³ sian¹ hue¹。

第九章 闽南话的数词、量词

闽南话的数词基本上和普通话一样,只是在读音上大多数有文白异读,要学会正确使用。闽南话的量词有些跟普通话一样,只是读音不同,有些是方言的特有量词,使用时要正确配搭事物或动作。

第一节 数 词

数词是表示数目的词,有基数词,序数词、分数等。

一、基数词

就是一、二、三、一百、三千等。闽南话用基数词数数时,一般用说话音,如(下面划一横是说话音,划两横是读书音,没划线是只有一个音)。二十九 li^6(zap^8)gao^3 中的(zap^8)可说可不说。表示基数的"二",数数时,通常说为"两"的白读 lng^6,漳州的白读是 loõ^6。

表 9-1 基数词读音简表

零 ling^2	四 s$\underline{u}^5$ s$\underline{i}^5$	八 b$\underline{at}^7$ b$\underline{ueh}^7$
祯 z$\underline{it}^8$—y$\underline{it}^7$	五 ng$\underline{oo}^3$ gg$\underline{oo}^6$	九 g$\underline{iu}^3$ g$\underline{ao}^3$
两 l$\underline{iong}^3$ l$\underline{ng}^6$ 二 li^6	六 l$\underline{iok}^8$ l$\underline{ak}^8$	十 s$\underline{ip}^8$ z$\underline{ap}^8$
三 s$\underline{am}^1$ s$\underline{ã}^1$	七 cit^7	十一 zap^8 yit^7
二十 li^6 zap^8	一百零一 zit^8 bah^7 ling^2 yit^7	千一 cing^1 yit^7
二十九 li^6(zap^8) gao^3	(零也说 kong^5)	一万 zit^8 bban^6
三十五 sam^1 ggoo^6	两百 lng^6 bah^7	万一 bban^6 yit^7

九十九 gao³(zap⁸)gao³　　百一 bah⁷ yit⁷　　一百万 zit⁸ bah⁷ bban⁶

一百 zit⁸ bah⁷　　一千 zit⁸ cing¹　　一亿 zit⁸ yik⁷

几百几十、几万几千、几丈几尺等数量结构可以省去第二个量词。如"两百二十"可说为"两百二"lng⁶ bah⁷ li⁶。第一个基数词是"一"的时候，"一"字平常不说。如"一百四十"，可说为"百四"bah⁷ si⁵，"一万三千"说为"万三"bban⁶ sã¹。"一丈六尺"说为"丈六"dng⁶ lak⁸。

二、序数词

表示次序的数目。通常在整数前加"第"，如"第一""第三"等，有时可省"第"，如一、三号、四楼、五班、2019年10月1日等。

第一班 de⁶ yit⁷ ban¹/yit⁷ ban¹
第十号 de⁶ zap⁸ ho⁶/zap⁸ ho⁶
第两百 de⁶ lng⁶ bah⁷/lng⁶ bah⁷

三、分 数

(一)指评定成绩或胜负的记数单位

试举下两例为示意：

85分 bueh⁷ zap⁸ ggoo⁶ hun¹，100分 zit⁸ bah⁷ hun¹

(二)表示一个单位几分之几的数

可以表示分数的几分之几，也可以表示时间单位或利率的几分之几。

两分之一 lng⁶ hun¹ zi¹ yit⁷（也说 zit⁸），百分之四 bah⁷ hun¹ zi¹ si⁵

练习二十一

一、学习童谣十二属相顺口溜

yit⁷ cu³ bai² tao² mia², li⁶ ggu² sai³ lue² hiã¹
一　鼠　排　头　名，二　牛　驶　犁　兄。

sã¹ hoo³ beh⁷ suã¹ piã², si⁵ too⁵ yiu² dang¹ giã¹
三　虎　趖(爬) 山　岬，四　兔　游　东　京。

ggoo⁶ ling² hong² de⁵ mia⁶, lak⁸ zua² sio³ ling² mia⁶
五　龙　皇　帝　命，六　蛇　小　龙　命。

cit⁷ bbe³ zao³ bing¹ yiã², bueh⁷ yiū² ziah⁸ cao³ nia³
七　马　走　兵　营，八　羊　食　草　岭。

gao³ gao² beh⁷ ciu⁶ tao², zap⁸ gue¹ ti² sã¹ siã¹
九　猴　趖　树　头，十　鸡　啼　三　声

zap⁸ yit⁷ gao³ goo⁵ mng¹ kao³, zap⁸ li⁶ di¹ de⁵ lang² zao³
十　一　狗　顾　门　口，十　二　猪　跟　人　走。

二、赏二十四节气，品五千年文化

lip⁸ cun¹ wu³ sui³ ging¹ diat⁷ cun¹ hun¹ cī¹ mia² gok⁷ wu³
立　春　雨　水　惊　蛰　春　分　清　明　谷　雨

lip⁸ ha⁶ (he⁶) siao³ bbuan³ bbong² zing¹ ha⁶ zi⁵ siao³ su³ dai⁶ su³
立　夏　　 小　满　芒　种　夏　至　小　暑　大　暑

lip⁸ ciu¹ cu⁵ su³ bik⁸ loo⁶ ciu¹ hun¹ han² loo⁶ sng¹ gang⁵
立　秋　处　暑　白　露　秋　分　寒　露　霜　降

lip⁸ dang¹ siao³ suat⁷ dai⁶ suat⁷ dang¹ zi⁵ (dang¹ zueh⁷) siao³ han² dai⁶ han²
立　冬　小　雪　大　雪　冬　至（冬　节）小　寒　大　寒

三、替换练习

<u>半点钟</u>是<u>三十分钟</u> buã⁵ diam³ zing¹ si⁶ sã¹ zap⁸ hun¹ zing¹

把两边相等的说法用线连起来。

一刻钟 zit⁸ kik⁷ zing¹　　　三个月 sã¹ go⁵ ggeh⁸

一点钟 zit⁸ diam³ zing¹　　七日 cit⁷ lit⁸

一年 zit⁸ ni²　　　　　　　六十分钟 lak⁸ zap⁸ hun¹ zing¹

一礼拜 zit⁸ le³ bai⁵　　　　十二个月 zap⁸ li⁶ go⁵ ggeh⁸

一季度 zit⁸ gui⁵ doo⁶　　　十五分钟 zap⁸ ggoo⁶ hun¹ zing¹

第二节 量 词

表示人、事物或者动作单位的词叫量词,量词经常和数词一起用,就叫数量词。

量词分为名量词和动量词。名量词是一种特殊的名词,也叫单位词。如本、袋等。动量词如走一趟,踢一脚。

一、名量词

(一)闽南方言和普通话共有的

闽南方言和普通话共同具有,用法一致,只是读音不同。

1.度量衡单位

度是计量长短,量是计量容积,衡是计量轻重。如：

石 zioh^8　升 zin^1　斗 dao^3　斤 gun^1　磅 bong^6　两 niu^3
亩 bboo^3　分 hun^1　里 li^3　丈 dng^6　尺 cioh^7　寸 cun^5

2.计件单位

用于个体事物的单位。如：

篇 pi^1　页 yah^8　本 bun^3　吨 dun^1 dan^1　滴 dih^7

3.集体单位

用于成对、成双或成套的量词,有的是集合量词。如：

群 gun^2　副 hu^5　双 siang^1　对 dui^5

4.货币单位

这里指的货币是钱。如：

角 gak^7　分 hun^1

5.借用名词作名量词

有的量词本来是名词,后借用作量词。如:

袋 de⁶　刀 do¹　缸 gng¹　盘 buã²　碗 wã³

(二)方言特有的

闽南话的量词中,据初步统计有将近三分之一的量词跟普通话不同。有的是同一事物方言和普通话使用不同量词,如"一件衣服",方言说为"一领衫";有的是方言与普通话相同的量词,其配搭事物不完全相同,如普通话可说一张嘴,一封信,方言说为"一支喙""一张批",但方言和普通话一样可说"一张纸""一张床";有的普通话指个体量词,方言却指集合量词,如"一把刀"(zit⁸ be³ do¹)方言指许多刀,普通话"一把刀",方言要说为"一支刀"(zit⁸ gi¹ do¹)。

1.专用名量词

箍 koo¹　一箍银 zit⁸ koo¹ ggun²(一块钱。"箍"常俗写为"元")
占 ziam¹　一占钱 zit⁸ ziam¹ zĩ²(一分钱)
掼 guã⁶　两掼葡萄 nng⁶ guã⁶ bu² do²(两串葡萄)
蕊 lui³　三蕊花 sã¹ lui³ hue¹(三朵花)
　　　　两蕊目珠 nng⁶ lui³ bbak⁸ ziu¹(两只眼睛)
张 diũ¹　四张批 si⁵ diũ¹ pue¹(四封信)
丛 zang²　五丛树 ggoo⁶ zang² ciu⁶(五棵树)

2.借用名词作名量词

勺　一勺糜 zit⁸ siah⁸ bbe²(一瓢粥)
鼎　两鼎饭 nng⁶ diã³ bng⁶(两锅饭)
桌　六桌菜 lak⁸ doh⁷ cai⁵(六席酒席)
领　七领衫 cit⁷ nia³ sã¹(七件衣服)
　　一领蠓罩 zit⁸ nia³ bbang³ da⁵(一床蚊帐)
躯　一躯西装 zit⁸ su¹ se¹ zong¹(一套西装)
支　一支雨伞 zit⁸ gi¹ hoo⁶ suã⁵(一把雨伞)
葩　六葩灯 lak⁸ pa¹ ding¹(六盏灯)

粒　八粒鸡卵 bueh^7 liap^8 gue^1 nng^6（八个鸡蛋）

尾　九尾鱼 gao^3 bbe^3 hi^2（九条鱼）

齿　十齿喙齿 zap^8 ki^3 cui^5 ki^3（十颗牙齿）

矸　两矸豆油 nng^6 gan^1 dao^6 yiu^2（两瓶酱油）

顶　三顶汽车 sã^1 ding^3 ki^5 cia^1（三辆汽车）

项　两项代志 nng^6 hang^6 dai^6 zi^5（两件事情）

字　一字 zit^8 li^6（计时量词，五分钟）

二、动量词

计算行为单位的词叫动量词。一般是放在动词的后边。

(一)专用动量词

专门用于计算行为单位。

行一迣 giã^2 zit^8 zua^6（走一趟）
去一摆 ki^5 zit^8 bai^3（去一次）
跋一倒 buah^8 zit^8 do^3（摔一跤）

(二)借用动量词

本来是身体部分或行为工具的量词借用来表示动量的词。

1.借用身体部分的

见一面 gĩ^5 zit^8 bbin^6
看一目 kuã^5 zit^8 bbak^8（看一眼）
食两喙 ziah^8 nng^6 cui^5（吃两口）
踢一骹 tat^7 zit^8 ka^1（踢一脚）

2.借用行为工具的

纽一针 tĩ^6 zit^8 ziam^1（缝一针）
行一伐 giã^2 zit^8 huah^8（走一步）

练习二十二

一,复习课文名量词和动量词的用法。

二,从下面量词中选择正确的量词填在括号里——粒、尾、顶、齿、项、蕊、矸、丛(zang² 棵)。

一( )喙齿　　两( )目珠　　三( )汽车
四( )花　　　五( )鲜鱼　　六( )鸡卵
七( )代志　　八( )酒　　　九( )树

三,背诵二十四节气歌。

cun¹ wu³ ging¹ cun¹ cing¹ gok⁷ tian¹
春、雨、惊春、清谷天,
ha⁶ bbuan³ bbong² ha⁶ su³ siong¹ lian²
夏满、　芒夏、暑相连,
ciu¹ cu⁵ loo⁶ ciu¹ han² song¹ gang⁵
秋处、露秋、寒霜降,
dong¹ suat⁷ suat⁷ dong¹ dai⁶ siao³ han²
冬雪、雪冬、大小寒。

四,把下面量词和与配搭的事物用线连起来。

一亩　　　　对联 dui⁵ lian²
一群　　　　米 bbi³
一袋　　　　田 can²
一角　　　　人 lang²
一副　　　　银 ggun²(钱)

第十章　闽南话的常用句型

闽南话跟普通话一样有不少的句型，有的比较复杂、日常生活少用的，如承接句、转折句、条件句等就不介绍。下面仅介绍常用的又闽南方言特有的"有无句、会㝎句、来去句、比较句、被动句、把字句"等六种句型。

第一节　有无句

闽南话的"有无句"在日常生活中使用频率较多。

闽南话"有"wu^6表示存在、领有，跟"无"bbo^2相对。它虽然与普通话的"有""无""没"相当，但有许多用法是普通话所没有的。

一、"有＋动词"的句式

闽南话"有＋动词"的句式表达某一行为已进行、实现或完成。相当于普通话"动词＋了(le)或过"，如：

我有看戏 $ggua^3 wu^6 kuã^5 hi^5$（戏，我看了）。
伊有去北京 $yi^1 wu^6 ki^5 Bak^7 giã^1$（他去过北京）。
我有买 $ggua^3 wu^6 bbue^3$（我买了）。

否定的说法是"无"，相当于普通话的"没有"。如：

我无看戏 $ggua^3 bbo^2 kuã^5 hi^5$（我没看戏）。
伊无去北京 $yi^1 bbo^2 ki^5 Bak^7 giã^1$（他没去过北京）。
我无买 $ggua^3 bbo^2 bbue^3$（我没买）。

二、"有、无"可直接做补语

"有、无"可直接做补语，表示重视与否，或对动作行为的肯定、否定，说明动作是否取得结果。

伊看你有，看我无 yi¹ kuã⁵ li³ wu⁶，kuã⁵ ggua³ bbo²
（他看得起你，看不起我）。
我听有，伊听无 ggua³ tiã¹ wu⁶，yi¹ tiã¹ bbo²（我听到了或听懂了，他没听到或没听懂）。
伊食有，我食无 yi¹ ziah⁸ wu⁶，ggua³ ziah⁸ bbo²
（他吃着了，我吃不着）。
听有声，看无影 tiã¹ wu⁶ siã¹，kuã⁵ bbo² yiã³
（听得到声音，看不见影子）。
做有代志 zue⁵ wu⁶ dai⁶ zi⁵（做事效率高）。
做无代志 zue⁵ bbo² dai⁶ zi⁵（做事效率低）。
拆无票 tiah⁷ bbo² pio⁵（买不到票）。
拆有票 tiah⁷ wu⁶ pio⁵（买到票了）。

三、"有、无"可说明事物的程度

"有、无"用在某些动词、形容词前，说明事物的程度。如：

牛仔裤较有穿，丝绸做的裤较无穿 ggu² a³ koo⁵ kah⁵ wu⁶ cing⁶，si¹ diu² zue⁵ e koo⁵ kah⁵ bbo² cing⁶

（牛仔裤比较耐穿，丝绸做的裤不耐穿）。

即款米较有煮，迄款米较无煮 zit⁷ kuan³ bbi³ kah⁷ wu⁶ zu³，hit⁷ kuan³ bbi³ kah⁷ bbo² zu³

（这种米煮饭出数儿，那种米出饭量少）。

牛奶有甜 ggu² ni¹ wu⁶ dĩ¹（牛奶够甜）。

四、"有、无"可用来表示某种事物的状态

"有、无"可加上一个名词词素构成动宾词组，用来表示某种事物的状态。如：

有影 wu⁶ yiã³（真的，确实）
无影 bbo² yiã³（乌有，如无影无迹 ziah⁷）
有势 wu⁶ se⁵（本事大，有本事）
无势 bbo² se⁵（没本事，无能）
有眠 wu⁶ bbin²（足眠，睡得足）
无眠 bbo² bbin²（睡不足）
有路 wu⁶ loo⁶（爱好，如"伊对米粉真有路。"指的是他喜欢吃米粉）
无路 bbo² loo⁶（不喜欢、不爱好）

五、"有、无"可对举或连用

"有、无"对举或连用，构成疑问句式"有……无"或"……有无"（"无"念轻声，相当于普通话的"吗"问句；"有、无"在"无"前加"抑"ah⁷ 可以构成选择句。如：

伊有来无 yi¹ wu⁶ lai² bbo（他来了吗？或他来没来）？
鱼有鲜无 hi² wu⁶ cĩ¹ bbo（鱼新鲜吗）？
册有买无 ceh⁷ wu⁶ bbue³ bbo（书买了吗）？
你听有无 li³ tiã¹ wu⁶ bbo（你听见了吗？或你听懂了吗）？
你有去找伊抑无 li³ wu⁶ ki⁵ ce⁶ yi¹ ah⁷ bbo²（你去找他还是没去找他）？
你有去买抑无 li³ wu⁶ ki⁵ bbue³ ah⁷ bbo²（你去买还是没去买）？

练习十二

一、解释词语

下面例句中的"有穿 wu⁶ cing⁶""有甜 wu⁶ dĩ¹""有落雨 wu⁶ loh⁸ hoo⁶""有泡 wu⁶ pao⁵""有买 wu⁶ bbue³""有来 wu⁶ lai²"表示什么意思？

即领衫真有穿（　　　　）。　　即款茶真有泡（　　　　）。
豆奶有甜（　　　　）。　　　　电影票有买（　　　　）。
伊有来上课（　　　　）。　　　即阵有落雨（　　　　）。

二、用"有、无"造两句疑问句

三、替换练习

1. 火车票我买有,伊买无。

   飞机票 hui¹gi¹pio⁵　　找 ce⁶　　　找

   工作 gang¹zok⁷　　　　买 bbue³　　买

   物件 mih⁸giã⁶　　　　 订 diã⁶　　　订

2. 我有去桂林,无去广州。

   经理 ging¹li³　　　开会 kui¹hue⁶　　上班 ziũ⁶ban⁶

   林先生 lim²sian　　读册 tak⁸ceh⁷　　 佚佗 tit⁷to²,玩

   小明 sio³ming²　　 学堂 oh⁸dng²　　 医院 yi¹yĩ⁶

3. 伊是坐火车,抑是(ah⁷si⁶,还是)坐飞机?

   行路 giã²loo⁶　　　 骹踏车 ka¹dah⁸cia¹

   船 zun²　　　　　　动车 dong⁶cia¹

   飞机 hui¹gi¹　　　　汽车 ki⁵cia¹

第二节　"会、䆀"句

闽南话"会"e⁶,除了跟普通话一样可作动词外,还可作能愿动词,相当于普通话"能",其否定式"䆀"bbue⁶,即普通话的"不会",相当于"不能"。其用法如下。

一、表示恢复某种能力或达到某种效率

肯定句除了用"会",也可以用"会晓"e⁶hiao³,否定句除了用"䆀"外,也可以用"䆀晓"bbue⁶hiao³。如:

阿母病好啊,会落床 a¹bbu³bĩ⁶ho³a,e⁶loh⁸cng²

(妈妈病好了,能下床)。

小王会晓英文 sio³ong²e⁶hiao³ying¹bbun²

(小王懂英语)。

伊破病,䆀行 yi¹pua⁵bĩ⁶,bbue⁶giã²

(他病了,不能走路)。

二、表示有条件或情理上许可

肯定式用"会用 e⁶ying⁶""会使 e⁶sai³",否定式"獪用 bbue⁶ying⁶""獪使 bbue⁶sai³"。如:

我即阵有闲,会用去 ggua³zit⁷zun⁶wu⁶ying²,e⁶ying⁶ki⁵(我这会儿有空,能去或可以去)。

下游会使行船 ha⁶yiu²e⁶sai³giã²zun²(下游能行驶轮船)。

"会、獪"还具有普通话的"懂得""不懂得","认识""不认识"等意义。

即题算术,你会晓獪 zit⁷due²suan⁵sut⁸,li³e⁶hiao³bbue(这道算术题你懂吗)?

即几字我会晓 zit⁷gui³li⁶ggua³e⁶hiao³(这几个字我认识)。

三、"会、獪"可做补语

"会、獪"置于动词后可做补语,并能构成补语句。

食会了 ziah⁸e⁶liao³(吃得完)　　食獪了(吃不完)
看会着 kuã⁵e⁶dioh⁸(看得见)　　看獪着(看不见)
睏会去 kun⁵e⁶ki⁵(睡得着)　　　睏獪去(睡不着)
做会了 zue⁵e⁶liao³(做得完)　　做獪了(做不完)

构成补语句时,有的可在"会、獪"前加程度副词"较"kah⁷"无啥"bbo²siã³等词表示程度。

我看较会着 ggua³kuã⁵kah⁷e⁶dioh⁸(我看得比较清楚)。

伊看较獪着 yi¹kuã⁵kah⁷bbue⁶dioh⁸(他看得不太清楚或者比较不清楚)。

我睏无啥会去 ggua³kun⁵bbo²siã³e⁶ki⁵(我睡不太着)。

练习二十四

一、填空

用"会、赡、会晓、赡晓、会用、赡用"等词填空。

即领衫拄好（du³ ho³，刚好），穿起来（　　）合躯（hah⁸ su¹，合身），迄领衫伤细（siū¹ sue⁵，太小）（　　）穿。

即几题我（　　）做，迄几题我（　　）做。

即条公路（zit⁷ diao² gong¹ loo⁶）（　　）行汽车，迄条公路（　　）行汽车。

二、模仿下面句子造疑问句

安尼（an¹ ni¹，这样）写会用赡？

伊会唱歌赡？

你一个人做两个人的代志，会赡？

伊一个人会赡做两个人的代志？

第三节　比较句、来去句

一、比较句

对比几个对象之间的异同或者高下叫比较句。

比较两个事物在性质状态的程度相同或相等叫等比式比较句；比较两个事物在性质状态的程度差别叫差比式比较句。

（一）等比式比较句

闽南话等比式比较句往往在形容词前加"平平"bĩ² bĩ²等作修饰语，相当于普通话的"一样""同样""一起"。

我甲你平平悬 ggua³ gah⁷ li³ bĩ² bĩ² guai²（我和你一样高）。

两包物件平平重 nng⁶ bao¹ mih⁸ giã⁶ bĩ² bĩ² dang⁶（两包东西一样重）。

两个平平去 lng⁶ e² bĩ² bĩ² ki⁵（两个一起去）。

（二）差比式比较句

普通话的差比式比较句常用"甲＋（没）比＋乙＋形容词"。而闽南话有如下三种句式。

1.甲＋(无)比＋乙＋较＋形容词

肯定式差比句,不用加"无",否定式差比句,要加"无"。"较"是表示一定程度的副词。

我比你较躼 ggua³ bi³ li³ kah⁷ lo⁵（我比你高）。
我无比你较躼 ggua³ bbo² bi³ li³ kah⁷ lo⁵（我没比你高）。

2.甲＋(无)较＋形容词＋乙("乙"若没强调,可读轻声)

这种句型是把形容词提在"乙"之前。

我较矮你 ggua³ kah⁷ we³ li³（我比你矮）。
我无较矮你 ggua³ bbo² kah⁷ we³ li³（我没比你矮）。

3.甲＋(无)＋形容词＋乙("乙"若没强调,可读轻声)

这种句型很简单,不用加副词"较"。

我矮你 ggua³ we³ li³（我比你矮）。
我无矮你 ggua³ bbo² we³ li³（我没比你矮）。

二、来去句

表示离开说话人所在地去做或要去做某件事,闽南话常在"去"的前头加"来"字,构成来去(lai² ki⁵)句。

第一人称做主语,"来去"后有另一动词,同时这一动词表示动作尚未进行或将要进行。

我要来去食饭 ggua³ bbeh⁷ lai² ki⁵ ziah⁸ bng⁶（我吃饭去）。
咱参甲来去开会 lan³ sã¹ gap⁷ lai² ki⁵ kui¹ hue⁶（咱们一起去开会）。

第二、三人称做主语,不能用"来去",如不能说"汝来去上课","伊来去食饭",但可以说"你甲我来去。"

当客人和主人告别时,常用"来去"做套语,表示"回去"、"走了"的意思,如"我来去"(我回去了)。

练习二十五

一、替换练习

我甲你行路平平紧(bi²bi²gin³,一样快)

即包甲迄包　　　　米(bbi³)　　　　平平热(luah⁸)
昨日甲今仔日　　　　天气(ti¹ki⁵)　　平平水(sui³)
即所在甲迄所在　　　花草(hue¹cao³)　平平重(dang⁶)

二、模仿下面句子造句

1. 咱两个平平来去厦门佚佗(tit⁷to²,玩)。
2. 阿兄无比小弟较大汉(dua⁶han⁵,高大)。
3. 即蕊花无比迄蕊花较芳(pang¹,香)。

第四节　被动句、把字句

一、被动句

普通话的被动句常用"甲＋被动介词(被)＋乙＋怎样(了)的句式。而闽南话的被动句一般用(乞 kit⁷)"互"(hoo⁶)这个词,("乞"可用可不用),相当于普通话的"被"字。即"甲＋互＋乙＋怎样"。

伊互先生阿咾 yi¹hoo⁶sian¹si¹o¹lo³
(他被老师赞扬)。
小皮包互贼仔偷撚去 sio³pe²bao¹hoo⁶cat⁸a³tao¹teh⁸ki
(小皮包被小偷偷走了)。
阿兄互小弟追着啰 a¹hiã¹hoo⁶sio³di⁶dui¹diohloo
(哥哥被弟弟追上了)。

"互"也可以做动词,相当于普通话"给"。

我互伊一本册 ggua³hoo⁶yi¹zit⁸bun³ceh⁷(我给他一本书)。

阿母买一领新衫互我 a¹ bbu³ bbue³ zit⁸ nia³ sin¹ sã¹ hoo⁶ ggua（妈妈买一件新衣给我）。

二、把字句

普通话"把门关上"或"门把它关上"这样的处置句,闽南话只要把介词"把"换成"将"（ziong¹）就行了,说成"将门关起来 ziong¹ mng² guãi¹ ki⁵ lai",或"门甲伊关起来 mng² gah⁷ yi¹ guãi¹ ki⁵ lai"。

"甲 gah⁷"在闽南话里还用作连词,相当于普通话的"跟、和";用作介词,相当于普通话的"替、给、跟";用作补语句的助词,相当于普通话的"得"。

我甲伊去佚佗 ggua³ gah⁷ yi¹ ki⁵ tit⁷ to²（我和他去玩儿）。
我甲你买物件 ggua³ gah⁷ li³ bbue³ mih⁸ giã⁶（我替你买东西）。
伊食甲真饱 yi¹ ziah⁸ gah⁷ zin¹ ba³（他吃得很饱）。

练习二十六

一、把下面句子翻译成闽南话
1.除夕那天,奶奶给我红包（除夕：廿九暝 li⁶ gao³ mi²）。
2.茶杯被谁打破（茶杯 de² bue¹。打破："拍破"pah⁷ pua⁵ 或"弄破"long⁶ pua⁵）?
3.把门锁起来（锁 so³）。

二、填 空
下面句子中的"甲"（gah⁷）分别做介词、连词、补语助词,请把答案填在括号内。
1.伊欢喜(huã¹ hi³)甲跳起来（   ）。
2.我甲伊是好朋友（   ）。
3.你去菜市(cai⁵ ci⁶)甲我买菜（   ）。

学话教材

"学话教材"内容包括常用口语、会话课文和反映闽南民俗文化的童谣、诗歌、顺口溜以及唐宋诗词选读等。其目的是要求学生结合闽南话的语音、词汇、语法等知识来练习口语、会话和有关日常生活知识用语,更好地学习、了解闽南方言和文化。因语言是一门口耳之学,不反复进行口头练习是不能把闽南话学到手的。至于何时学习可根据需要灵活掌握,可以边学习理论知识边练习会话,也可以在掌握《闽南方言拼音方案》后,熟练地拼读、朗诵、会话。

一、常用口语、会话课文

$E^6\ mng^2\ e\ ti^1\ ki^5$
厦 门 的 天 气

$E^6\ mng^2\ zit^8\ ni^2\ si^5\ gui^5\ e\ ti^1 ki^5\ zãi^3\ yiũ^6$
A:厦 门 一 年 四 季 的 天 气 怎 样?
(厦门一年四季的天气怎么样?)

$E^6\ mng^2\ e\ cun^1\ ti^1\ zit^8\ bua^1\ si^6\ bbue^6\ zin^1\ gu\tilde{a}^2\ m^6\ goh^7$
B:厦 门 的 春 天 一 般 是 獪 真 寒, 呣佫,
$di\tilde{a}^6\ di\tilde{a}^6\ ai^5\ loh^8\ ng^2\ sng^1\ a^3\ hoo^6\ zit^8\ loh^8\ hoo^6\ do^1\ kah^7\ gu\tilde{a}^2$
  定 定 爱 落 黄 酸 仔 雨, 一 落 雨, 多 较 寒,
$siok^8\ ggu^3\ gong^3\ cun^1\ gu\tilde{a}^2\ hoo^6\ na^3\ zu\tilde{a}^6\ dang^1\ gu\tilde{a}^2\ gio^5$
  俗 语 讲:"春 寒 雨 若 溅, 冬 寒 叫
$koo^3\ hu\tilde{a}^6$
  苦 旱。"
(厦门的春天一般是不很冷,不过常常爱下黄梅雨,一下雨,就觉得冷。俗话说:"春天一下梅雨就冷,冬天一冷就干旱。")

$Luah^8\ ti^1\ leh$
A: 热 天 咧?(夏天呢?)

$Luah^8\ ti^1\ e\ si^2\ gan^1\ kah^7\ dng^2\ zit^8\ bua^1\ si^6\ ziah^8\ ge^5\ ggoo^6\ ggeh^8$
B: 热 天 的 时 间 较 长, 一 般 是 食 过 五 月

77

zueh⁷ zang⁵ kai¹ si³ luah⁸ luah⁸ gao⁵ gao³ ggeh⁸ coo¹ goo³ za³ si² e
节 粽 开 始 热, 热 遘 九 月 初。古 早 时 的
lang² gong³ bbe⁶ ziah⁸ ggoo⁶ ggeh⁸ zang⁵ pua⁵ hiũ² m⁶ tang¹ bang⁵
人 讲:"未 食 五 月 粽, 破 裘 呣 通 放。"
(夏天的时间比较长,一般是吃过端午节粽子开始热,热到九月初。古人说:"还没吃过端午节粽子,破棉袄别急着收藏。"意思是天气不稳定,可能会再冷。)

  Tiã¹ gong³ E⁶ mng² wa³ hai³ gĩ² luah⁸ tĩ¹ bbue⁶ zin¹ luah⁸ hẽh
A:听 讲 厦 门 倚 海 墘, 热 天 艙 真 热 吓?
(听说厦门靠海边,夏天不怎么热是吗?)

  Hẽ⁶ E⁶ mng² si² hai³ yiũ² sing⁵ ki⁵ hao⁶ luah⁸ tĩ¹ bbue⁶ zin¹ luah⁸
B:吓, 厦 门 是 海 洋 性 气 候, 热 天 艙 真 热。
(是,厦门是海洋性气候,夏天不怎么热。)

  Ciu¹ tĩ¹ leh
A:秋 天 咧?(秋天呢?)

  Ciu¹ tĩ¹ bi³ gao⁵ ciu¹ cin⁵ dan⁶ wu⁶ si² wu⁶ hong¹ tai¹ hoo⁶
B:秋 天 比 较 秋 清, 但 有 时 有 风 飚 雨。
(秋天比较凉快,但有时会刮台风下大雨。)

  Tiã¹ gong³ E⁶ mng² e guã² tĩ¹ bbue⁶ zin¹ guã² hẽh
A:听 讲 厦 门 的 寒 天 艙 真 寒 吓?
(听说厦门的冬天不很冷,是吗?)

  Hẽ⁶ E⁶ mng² e guã² tĩ¹ si² gan¹ de³ zit⁸ buã¹ si⁶ zap⁸ sã¹ doo⁶ zo³
B:吓, 厦 门 的 寒 天 时 间 短, 一 般 是 13 ℃ 左
yiu⁶ zue⁵ guã² si⁶ sã¹ si⁵ doo⁶ m⁶ goh⁷ zin¹ han³ dit⁷ zi³ wu⁶ gui³ lit⁸
右, 最 寒 是 3、4 ℃, 呣 佫 真 罕 得, 只 有 几 日
a³ nia⁶ nia⁶
仔 尔 尔。
(是,厦门的冬天时间短,一般是13℃左右,最冷是3、4℃,不过很少见,只有几天而已。)

  Tiã¹ li³ an¹ nĩ¹ gong³ E⁶ mng² zit⁸ ni² si⁵ gui⁵ wun¹ ca¹ bbo² lua⁶ dua⁶
A:听 汝 安 尼 讲, 厦 门 一 年 四 季 温 差 无 偌 大,
tĩ¹ ki⁵ zin¹ ho³ bbue⁶ gue⁵ lang² leh gong³ E⁶ mng² tĩ¹ ki⁵ su⁵ gui⁵ lu²
天 气 真 好, 艙 怪 人 咧 讲:"厦 门 天 气, 四 季 如
cun¹
春。"
(听您这么说,厦门一年四季温差不很大,天气很好,怪不得人们说:"厦门天气,四季如春。")

Ko⁵ggua⁶ wah⁸dang⁶
课 外 活 动

A：Gui¹ e² cao¹ diũ² long³ si⁶ lang² zin¹ lao⁶ liat⁸
规 个 操 场 拢 是 人， 真 闹 热！

(整个操场都是人,很热闹！)

B：Hẽ⁶ wu⁶ e leh⁷ pah⁷ na² giu² wu⁶ e leh⁷ pah⁷ bai² giu² wu⁶ e leh⁷
吓， 有 的 咧 拍 篮 球， 有 的 咧 拍 排 球， 有 的 咧
tiao⁵ go¹ wu⁶ e leh⁷ tiao⁵ wan³ wu⁶ e leh⁷ pao³ boo⁶ wu⁶ e leh⁷ kua¹
跳 高， 有 的 咧 跳 远， 有 的 咧 跑 步， 有 的 咧 跨
na²
栏。

(是,有的在打篮球,有的在打排球,有的在跳高,有的在跳远,有的在跑步,有的在跨栏。)

A：Li³ kuã⁵ zit⁷ bing² te³ yok⁸ guan³ a⁶ zin¹ zue⁶ lang² wu⁶ lian⁶ te³ cao¹
汝 看， 即 爿 体 育 馆 也 真 侪 人， 有 练 体 操
e wu⁶ lian⁶ gu³dang⁶ e a⁶ ah⁷ wu⁶ leh⁷ oh⁸ tai⁵gik⁸kun² e
的， 有 练 举 重 的， 也 抑 有 咧 学 太 极 拳 的。

(你看,这边体育馆也很多人,有练体操的,有练举重的,也还有在学太极拳的。)

B：Hit⁷ bing² ka¹giu²diũ² leh⁷ bi³sai⁵ ka¹giu² tat⁷ gah⁷ zin¹ giok⁸ liat⁸
迄 爿 骹球场 咧 比赛 骹球， 踢 甲 真 剧 烈。

(那边足球场在比赛足球,踢得很激烈。)

A：Lan³ bbeh⁷ cam¹ga¹ sim⁶mih⁸ wah⁸dang⁶
咱 要 参 加 什 么 活 动？

(咱们要参加什么活动?)

B：Lan³ lai² ki lian⁶ tih⁷biã³ gah⁷ yan²giu² ho³ m
咱 来 去 练 铁 饼 甲 铅 球 好 唔？

(咱们去练习铁饼和铅球好吗?)

A：Ho³ lai² ki
好， 来 去！

(好,走吧!)

Ziah⁸ bng⁶
食 饭（吃饭）

  Ma² gin¹ a³ e⁶ dao⁵ ziah⁸ sim⁶ mih
A：妈，今仔下昼 食 什么？
（妈，今天中午吃什么？）

  Gin¹ a³ e⁶ dao⁵ ziah⁸ bng⁶ pe⁵ bbah⁷ gut⁷ dao⁶ hu⁶ tng¹
B：今仔下昼 食 饭 配 肉 骨 豆 腐 汤,
  beh⁸ ziok⁷ he² ca³ yiu² cai⁵
  白 灼 虾, 炒 油 菜。
（今天中午吃饭，下饭的菜是排骨豆腐汤，白灼虾，炒油菜。）

  Gin¹ a³ lit⁸ e cai⁵ bbue⁶ pãi³ liao⁶
A：今仔日的 菜 䆀 否 料。
（今天的菜不错。）

  Siok⁸ ggu³ gong³ ziah⁸ hi² ziah⁸ bbah⁷ a⁶ dioh cai⁵ gah⁷
B：俗 语 讲："食 鱼 食 肉 也 着 菜 夹。"
（俗语说："吃鱼吃肉也得吃菜，营养才会均衡。"）

  Dioh⁸ ggua³ ge¹ ziah⁸ dam⁶ boh cai⁵
A：着， 我 加 食 淡 薄 菜。
（对，我多吃点儿菜。）

  Li³ dioh⁸ ziah⁸ yi ba³ zue⁵ gang¹ ziah⁷ bbue⁶ yao¹
B：汝 着 食 伊饱， 做 工 则 䆀 枵。
（你得吃饱，做工才不会饿）

  Ggua³ ziah⁸ wã³ buã⁵ bng⁶ do¹ ho³ ge¹ ziah⁸ dam⁶ boh he² gah⁷ cai⁵
A：我 食 碗 半 饭 多 好。加 食 淡薄 虾 甲 菜。
（我吃一碗半的饭就好，多吃点儿虾和菜。）

  Goh⁷ ziah⁸ buã⁵ wã goh
B：佫 食 半 碗 咯。
（再吃半碗吧。）

  M⁶ a ggua³ yi³ ging¹ ziah⁸ zin¹ ba³ a
A：呣啊, 我 已 经 食 真 饱 啊！
（不了，我已经吃得很饱了。）

Bbue³ ge³ zi³
买　果　子（买水果）

Ciã³ mng⁶ nai⁶ zi¹ zit⁸ gun¹ lua⁶ zue⁶
A：请 问， 荔 枝 一 斤 偌 侪？（请问,荔枝一斤多少?）

lak⁸ koo¹ buã⁵
B：六　元　半。（六元半。）

Zit⁷ kuan³ si⁶ lan² dik⁷ a³　m⁶ si⁶ oo¹ hioh⁸ a³　goh⁷ hiah⁷ ni³ gui⁵ si¹
A：即　款　是 兰 竹 仔，呣 是 乌 箬 仔，佫　赫 尔 贵？西

gue¹ ging¹ zio¹ leh
瓜、 弓 蕉 咧？

（这种品种是兰竹,不是黑叶,又那么贵？西瓜、香蕉呢？）

Si¹ gue¹ kah⁷ siok⁸ zit⁸ gun¹ gao³ gak⁷ ging¹ zio¹ kah⁷ ho³ e nng⁶ koo¹
B：西　瓜　较　俗， 一　斤　九　角， 弓 蕉 较 好 的 两 元

bueh⁷ kah⁷ pai³ e koo¹ si⁵
　　 八， 较　否　的　元　四。

（西瓜比较便宜,一斤九毛,香蕉较好的一斤两元八,较差的一元四。）

Ciã³ li³ gah⁷ ggua³ ging³ zit⁸ liap⁸ kah⁷ ang² e si¹ gue¹ gah⁷ zit⁸
A：请 汝 甲 我　拣　一 粒 较　红 的 西 瓜 甲 一

bi² kah⁷ ho³ e ging¹ zio¹ ggua³ bbeh⁷ sang⁵ bing² yiu³ e
枇 较　好 的 弓 蕉， 我　要　送　朋　友　的。

（请您帮我挑选一个比较红的西瓜和一串较好的香蕉,我要送给朋友的。）

Ho³ ciã³ bang⁵ sim¹ ggua³ ging³ ho³ e hoo⁶ li
B：好， 请　放　心， 我　拣　好 的 互 汝。

（好,请放心,我挑好的给你。）

Bbue³ cai⁵
买　菜

A¹ m³ li³ bbeh⁷ bbue³ sim⁶ mih
A：阿 姆， 汝 要　买　什 么？

（伯母,您要买什么?）

Ggua³ bbeh⁷ bbue³ be¹ ling² cai⁵ cao⁵ ki⁶ a³ cai⁵ tao² gah⁷ bak⁷
B：我　要　买 菠 菱 菜、 臭 柿 仔、 菜　头　甲　北

cang¹
葱

（我要买菠菜、西红柿、萝卜和洋葱。）

Zit⁸ hang⁶ bbue³ lua⁶ zue⁶

A：一 项 买 偌 侪？

（一种买多少？）

Zit⁸ hang⁶ bbue³ zit⁸ gun¹

B：一 项 买 一 斤。

（一种买一斤。）

A¹ m³ be¹ ling² cai⁵ zit⁸ gun¹ sã¹ koo¹ buã⁵ cao⁵ ki⁶ a³ zit⁸ gun¹ si⁵

A：阿姆，菠 菱 菜 一 斤 三 元 半，臭 柿 仔 一 斤 四

koo¹ buã⁵ cai⁵ tao² zit⁸ gun¹ koo¹ si⁵ bak⁷ cang¹ zit⁸ gun¹ nng⁶ koo¹

元 半，菜 头 一 斤 元 四，北 葱 一 斤 两 元

bueh⁷ yit⁷ giong⁶ zap⁸ li⁶ koo¹ nng⁶ gak⁷

八。一 共 十 二 元 两 角。

（伯母，菠菜一斤三元半，西红柿一斤四元半,萝卜一斤一元四毛，洋葱一斤两元八毛，一共十二元两毛。）

Ho³ zĩ² hoo⁶ li

B：好，钱 互 汝。（好，钱给您。）

Wun² a³ giã²

A：匀 仔 行。（慢走）

Ki⁵ Goo³ long⁶ su⁶ tit⁷ to²
去 鼓 浪 屿 佚 佗（去鼓浪屿玩）

Goo³ long⁶ su⁶ gao⁵ a lan³ loh⁸ zun² oo

A：鼓 浪 屿 遘 啊，咱 落 船 噢！

（鼓浪屿到了，咱们下船吧！）

Ho³ zit⁷ zun⁶ bbeh⁷ sing¹ ki⁵ do³ loh

B：好，即 阵 要 先 去 倒 落？

（好，现在先上哪儿？）

Sing¹ ki⁵ Lit⁸ gong¹ ggiam²

A：先 去 日 光 岩。

（先上日光岩。）

Wu⁶ cia¹ tang¹ ze⁶ bbo

B：有 车 通 坐 无？

（有车可坐吗？）

Bbo² Goo³ long⁶ su⁶ bbo³ gi¹ dong⁶ cia¹ long³ si⁶ ying⁶

A：无，鼓 浪 屿 无 机 动 车，拢 是 用

giã² loo⁶ e
行 路 的。

（没有，鼓浪屿没有机动车，都是用走路的。）

B：Na⁶ si⁶ bbo² cia¹ zit⁷ e² do³ wun¹ dang⁵ zin¹ an¹ zing⁶ goh⁷ bbue⁶
若 是 无 车， 即 个 岛 稳 当 真 安 静， 佫 獪
ying¹ ya¹
飏 埃。

（如果没有车，这个岛一定很安静，而且不会有尘埃。）

A：Hẽ⁶ zia² zin¹ an¹zing⁶ cing¹ ki⁵ Lan² na³ giã² na³ kuã⁵
吓， 遮 真 安 静 清 气， 咱 若 行 若 看
hong¹ ging³ m⁶ bbian³ buã⁵ diam³ zing¹ do¹ gao⁵ a
风 景， 呣 免 半 点 钟 多 遘 啊。

（是，这儿很安静，很干净，咱们边走边看风景，不用半小时就到了。）

B：Zit⁷ wi⁶ hue¹ cao³ zin¹ zue⁶ goh⁷ zin¹ sui³ Zit⁷ kuan³ si⁶ sim⁶ mih⁸
即 位 花 草 真 侪， 佫 真 水。 即 款 是 什 么
ciu⁶ hit⁷ kuan³ si⁶ sim⁶ mih⁸ hue¹
树？ 迄 款 是 什 么 花？

（这儿花草很多，又很漂亮。这种是什么树？那种是什么花？）

A：Zit⁷ kuan³ si⁶ hong⁶ hong² ciu⁶ kui¹ ang⁶ hue¹ si⁶ E⁶ mng² e ci⁶ ciu⁶
即 款 是 凤 凰 树， 开 红 花， 是 厦 门 的 市 树，
Hit⁷ kuan³ si⁶ sã¹ gak⁷ mui¹ si⁶ E⁶ mng² e ci⁶ hue¹ Goo³ long⁶ su⁶ si⁶
迄 款 是 三 角 梅， 是 厦 门 的 市 花。 鼓 浪 屿 是
Diong¹ gok⁷ wu⁶ mia² e hai⁵ siong⁶ hue¹ hng²
中 国 有 名 的 海 上 花 园。

（这种是凤凰树，开红花，是厦门的市树，那种是三角梅，是厦门的市花。鼓浪屿是中国有名的海上花园。）

B：Zia² e biat⁸ su³ zin¹ zue⁶ goh⁷ zin¹ cut⁷ mia²
遮 的 别 墅 真 侪， 佫 真 出 名。

（这儿的别墅很多，又很出名。）

A：Hẽ⁶ li⁶ ling² yit⁷ cit⁷ ni² cit⁷ ggeh⁸ bueh⁸ ho⁶ Goo³ long⁶ hoo⁶
吓， 二 零 一 七 年 七 月 八 号， 鼓 浪 屿 互
lian² hap⁸ gok⁷ ko¹ gao⁵ bbun² zoo³ zit⁷ pue¹ zun³ zue⁵ hui¹ wi² se⁵
联 合 国 科 教 文 组 织 批 准 做 "非 遗 世
gai⁵ lik⁸ su³ bbun² hua⁵ wi² san³
界 历 史 文 化 遗 产"。

（是，2017年7月8号，鼓浪屿被联合国科教文组织批准为"非遗世界历

史文化遗产")

B：Zia² wu⁶ hai³ ying³ sua¹ po¹ hue¹ cao³ zioh⁸ ding² sio³ gio² liu³ sui³
遮 有 海 涌、 沙 坡、 花 草、 石 亭、 小 桥、 流 水
Wu⁶ yã³ si⁶ bbing² hu² gi² sit⁷ e hai³ siong⁶ hue¹ hng²
…… 有 影 是 名 符 其 实 的 海 上 花 园。
(这儿有海浪、沙滩、花草、石亭、小桥,流水……真的是名符其实的海上花园)

A：Lit⁸ gong¹ ggiam² gao⁵ a
日 光 岩 遘 啊!
(日光岩到了!)

B：Bbeh⁷ gao⁵ suã¹ ding³ bbe
要 遘 山 顶 未?
(要到山上了吗?)

A：Lan³ beh⁷ tian¹ tui¹ ge⁵ tian¹ gio² ziu⁶ gao⁵ suã¹ ding³
咱 超 天 梯 过 天 桥 就 遘 山 顶。
(咱们攀登天梯过天桥就到山上。)

B：Gao⁵ suã¹ ding³ a wa dui⁵ zia² kuã⁵ loh ki hong¹ ging³ zin¹ sui³
遘 山 顶 啊! 哇! 对 遮 看 落 去, 风 景 真 水。
(到山上了! 哇! 从这儿往下看,风景很美。)

A：Zit⁷ e² suã¹ ka¹ e lam² bbin⁶ si⁶ Siok⁷ zong¹ hue¹ hng² ah⁷ wu⁶
即 个 山 骹 的 南 面 是 菽 庄 花 园, 抑 有
Ho⁶ gguat⁸ hng² Guan¹ hai³ hng² Dĩ⁶ Sing² gong¹ gi⁵ liam⁶
皓 月 园、 观 海 园、 郑 成 功 纪 念
guan⁵ gng⁵ kim² pok⁷ bbut⁸ guan³ Lan³ dan³ ze ziah⁷ lai² ki
馆、 钢 琴 博 物 馆, 咱 等 者 则 来 去
cam¹ guan¹ tit⁷ to²
参 观、 佚 佗。
(这个山下的南面是菽庄花园,还有皓月园、观海园、郑成功纪念馆、钢琴博物馆,咱们待会儿才去参观、玩耍。)

A：Ho³ lai² ki

B：好, 来 去!(好。去吧!)

二、反映民俗文化的童谣、诗歌、顺口溜

Zap⁸ li⁶ go⁵ ggeh⁸ cī¹ cai⁵ gua¹
十二个月青菜歌

Ziã¹ ggeh⁸ cang¹ li⁶ ggeh⁸ gu³ sã¹ ggeh⁸ ying⁵ cai⁵ bu²
正　月　葱，二　月　韭，三　月　蕹　菜　匏，
（正月青葱，二月韭菜，三月空心菜、匏瓜，）

Si⁵ gio² ggoo⁶ koo³ gue¹ lak⁸ cit⁷ gu³ cai⁵ hue¹
四　茄　五　苦　瓜，六　七　韭　菜　花，
（四月茄子，五月苦瓜，六七月韭菜花，）

Bueh⁷ ggeh⁸ cai⁵ tao² yiu² cai⁵ beh⁸ cai⁵ zin¹ zue² hang⁶
八　月　菜　头、油　菜、白　菜　真　侪　项，
（八月萝卜、油菜、白菜很多种，）

Gao³ ggeh⁸ ang² la² bak⁸ zap⁸ ggeh⁸ go¹ le² gah⁷ yan² dang²
九　月　红　萝　卜，十　月　高　丽　甲　烟　茼，
（九月红萝卜，十月包心菜和上海青，）

Zap⁸ yit⁷ ggeh⁸ cai⁵ hue¹ kun² cai⁵ suan⁵ zap⁸ li⁶ ggeh⁸
十　一　月　菜　花、芹　菜、蒜，十　二　月
dang¹ sun³ gua⁵ cai⁵ be¹ ling² dak⁸ hang⁶ zuan²
冬　笋、芥　菜、菠　菱　逐　项　全。
（十一月花菜、芹菜、蒜，十二月冬笋、芥菜、菠菜样样全。）

Sioh⁷ hok⁷
惜　福

Sioh⁷ hok⁷ zik⁷ hok⁷ dong¹ su¹ ngoo³ gok⁷
惜　福　积　福，　当　思　五　谷。
Cun¹ zing⁵ ciu¹ siu¹ long² bbin² zo⁶ hok⁷
春　种　秋　收，　农　民　造　福。
Ai⁵ hoo⁶ niu² sit⁸ lang² lang² ai⁵ gok⁷
爱　护　粮　食，　人　人　爱　国。

Ge³ zi³ gua¹
果子 歌（水果歌）

Ziã¹ li⁶ ggeh⁸ ang² gam¹ mua³ gue¹ ci⁶ sã¹ ggeh⁸ to² a³ si⁵ ggeh⁸ li³
正 二 月， 红 柑 满 街 市， 三 月 桃 仔 四 月 李，
（正月二月，满街到处是红艳艳的桔子，三月桃子四月李子，）

Ggoo⁶ ggeh⁸ ciũ² m² ang² gi¹ gi¹ lak⁸ ggeh⁸ nai⁶ zi¹ dua⁶ liap⁸ goh⁷ yiu⁵ zi³
五 月 杨 梅 红 支 支， 六 月 荔 枝 大 粒 佫 幼 子，
（五月杨梅红彤彤，六月荔枝个儿大又核儿小，）

Cit⁷ ggeh⁸ gging² gging³ bbah⁷ zin¹ dĩ¹ bueh⁷ ggeh⁸ ong⁶ lai² bbit⁸ yiu⁶ yĩ²
七 月 龙 眼 肉 真 甜， 八 月 旺 梨 蜜 柚 圆，
（七月龙眼肉很甜，八月菠萝蜜柚圆，）

Gao³ ggeh⁸ suãi⁶ a³ gah⁷ ang² ki⁶ zap⁸ ggeh⁸ gã¹ na³ bi² (ggi²) be² ziã⁵ dng¹ si²
九 月 檨 仔 甲 红 柿， 十 月 橄 榄 枇 杷 正 当 时，
（九月芒果和红柿子，十月橄榄枇杷正当时，）

Zap⁸ yit⁷ ggeh⁸ ging¹ zio¹ ho³ zu¹ bbi² zap⁸ li⁶ ggeh⁸ gam¹ zia⁵ zat⁷ zat⁷ dĩ¹
十 一 月 弓 蕉 好 滋 味， 十 二 月 甘 蔗 节 节 甜。
（十一月香蕉好滋味，十二月甘蔗节节甜。）

Sui³ dang¹ dang¹ e⁶ hue¹
水 当 当 的花（很漂亮的花）

Bboo³ dan¹ kui¹ hue¹ hu⁵ gui⁵ ang² mui² gui⁵ kui¹ hue¹ sui³ dang¹ dang¹
牡 丹 开 花 富 贵 红， 玫 瑰 开 花 水 当 当
（牡丹开花富贵红，玫瑰开花很漂亮。）

Zui³ sian¹ kui¹ hue¹ zin¹ cing¹ pang¹ bba⁶ li⁶ kui¹ hue¹ beh⁸ cang¹ cang¹
水 仙 开 花 真 清 芳， 茉 莉 开 花 白 苍 苍。
（水仙开花清香扑鼻，茉莉开花洁白如雪。）

Ggiok⁸ lan² kui¹ hue¹ bbi² bbi² pang¹, hong⁶ hong² kui¹ hue¹ mua³ tĩ¹ ang²
玉 兰 开 花 微 微 芳， 凤 凰 开 花 满 天 红。

（玉兰开花微微香，凤凰开花满天红。）

Sio³ bbit⁸ pang¹ zin¹ ho³ gang¹
小 蜜 蜂 真 好 工（小蜜蜂很勤劳）

Ong¹ ong¹ ong¹ sio³ bbit⁸ pang¹ be¹ gao⁵ sai¹ be¹ gao⁵ dang¹
嗡 嗡 嗡， 小 蜜 蜂， 飞 遘 西， 飞 遘 东，
（嗡嗡嗡，小蜜蜂，飞到西，飞到东，）
be¹ lai² be¹ ki⁵ leh⁷ zue⁵ gang¹ Cai³ hue¹ bbit⁸ zo⁶ pang¹ bang²
飞 来 飞 去 咧 做 工。 采 花 蜜， 造 蜂 房，
（飞来飞去在做工。采花蜜，造蜂房，）
m⁶ giã¹ koo³ m⁶ giã¹ lan² bbo² ying² cih⁷ cih⁷ zin¹ ho³ gang¹
呣 惊 苦， 呣 惊 难， 无 闲 跙 跙 真 好 工。
（不怕苦，不怕难，忙忙碌碌采蜜很勤劳。）

Too⁵ a³ bbak⁸ ziu¹ ciũ⁶ bbe³ lo³
兔 仔 目 珠 像 玛 瑙（兔子眼睛像玛瑙）

Too⁵ a³ bbak⁸ ziu¹ ciũ⁶ bbe³ lo³ sin¹ ku¹ cing¹ ki⁵ lang o¹ lo³
兔 仔 目 珠 像 玛 瑙， 身 躯 清 气 人 阿 咾。
（兔子眼睛像玛瑙，身体干净人们赞扬它。）
Si⁵ ka¹ e⁶ tiao⁵ hi⁶ a³ dng² Diong¹ gok⁷ zue⁵ bit⁷ ying⁶ too⁵ mng²
四 骹 会 跳 耳 仔 长， 中 国 做 笔 用 兔 毛。
（四脚会跳耳朵长，中国做毛笔用兔毛。）

Yiũ² a³ giã³ me¹ me¹ hao³
羊 仔 囝，咩 咩 吼

Yiũ² a³ giã³ me¹ me¹ hao³ giã² gao⁵ lao⁶ zik⁷ gong¹ mng² ka¹ kao³
羊 仔 囝， 咩 咩 吼， 行 遘 老 叔 公 门 骹 口，
（小羊儿，咩咩叫，走到老叔公的家门口，）
du³ dioh zit⁸ ziah⁷ gao³ Gao³ a³ ong¹ ong¹ hao³
拄 着 一 只 狗。 狗 仔 汪 汪 吼，
（碰到一只狗。小狗汪汪叫，）

yiũ² a³ giã¹ gah⁷ guã³ gin³ zao³ hai⁶ ggua³ dui¹ gah⁷ pa¹（cia¹）lin⁵
羊 仔 惊 甲 赶 紧 走， 害 我 追 甲 抛（车）辗
dao³
斗。

（小羊怕得赶快跑，害我追得翻跟斗。）

Ggua³ ai⁵ ggua³ e gok⁷
我 爱 我 的 国

Ggua³ ai⁵ ggua³ e gok⁷ ggua³ ai⁵ ggua³ e ge¹
　我 爱 我 的 国， 我 爱 我 的 家。
Gok⁷ si⁶ cian¹ bban⁶ ge¹ wu⁶ gok⁷ ziah⁷ wu⁶ ge¹
　国 是 千 万 家， 有 国 才 有 家。
Ggua³ ai⁵ ggua³ e gok⁷ gok⁷ giong¹ ge¹ hing⁶ hok⁷
　我 爱 我 的 国， 国 强 家 幸 福。
Ziah⁸ cing⁶ bbian³ huan² lo³ sing¹ huat⁸ zin¹ kuai⁵ lok⁸
　食 穿 免 烦 恼， 生 活 真 快 乐。

Li⁶ gao³ mi²
二 九 暝（除夕夜）

Li⁶ gao³ mi² zuan² ge¹ ze⁶ yĩ² yĩ² doh⁷ ding³ ziu³ cai³ mua³ mua³ si¹
　二 九 暝， 全 家 坐 圆 圆， 桌 顶 酒 菜 满 满 是。
（除夕夜，全家团圆，桌上摆满了丰盛的酒菜。）
Wu⁶ gue¹ wu⁶ ah² a⁶ wu⁶ hi² dak⁸ e² wi² loo² lai² ge⁵ ni²
　有 鸡 有 鸭 也 有 鱼， 逐 个 围 炉 来 过 年。
（有鸡有鸭也有鱼，大家围炉来过年。）
Ziah⁸ gim¹ ziam¹ gah⁷ bbok⁸ ni³ ziok⁷ gong¹ ma³ ziah⁸ bah⁷ li⁶
　食 金 针 甲 木 耳， 祝 公 嬷 食 百 二。
（吃金针菜和木耳，祝爷爷奶奶吃到一百二十岁。）
Ziah⁸ zu¹ ham¹ wu⁶ zai² ki⁵ me² ni² a¹ ba² a¹ ma² dua⁶ tan⁵ zĩ²
　食 珠 蚶 有 财 气， 明 年 阿 爸 阿 妈 大 趁 钱。
（吃珠蚶有财气，明年爸爸妈妈大赚钱。）
A¹ gong¹ a¹ ma³ a¹ ba² a¹ ma² tiã¹ liao³ dua⁶ huã¹ hi³
　阿 公 阿 嬷 阿 爸 阿 妈 听 了 大 欢 喜，
Ang² bao¹ siũ³ hoo⁶ giã³ li² gah⁷ sun¹ li²
　红 包 赏 互 囝 儿 甲 孙 儿。
（爷爷奶奶爸爸妈妈听了很高兴，赏红包给儿孙。）

Hoo⁶ lin³ bing² an¹ ggao² tak⁸ ceh⁷ dua⁶ han⁵ sing¹ huat⁸ gang¹ zok⁷
互 恁 平 安 勢 读 册，大 汉 生 活 工 作
ziah⁷ sun⁶ li⁶
则 顺 利。

（祝你们平安读书成绩好,长大生活工作才顺利。）

Ziã¹ ggeh⁸ ziã¹
正 月 正（新年正月）

Ziã¹ ggeh⁸ ziã¹ lai² bai⁵ ziã¹ tĩ¹ gng¹ ki³ lai cing⁵ sin¹ sã¹
正 月 正，来 拜 正，天 光 起 来 穿 新 衫，
（新年正月,来拜年,天亮起来穿新衣,）

Sue¹ zng³ dã³ ban⁶ lai² dua⁶ tiã¹ ziok⁵ si⁶ dua⁶ lang² sin¹ te³ giã⁶
梳 妆 打 扮 来 大 厅，祝 序 大 人 身 体 健。
（梳妆打扮来大厅,祝长辈身体健康。）

Ziã¹ ggeh⁸ ziã¹, ang² ding¹ gua⁵ dua⁶ tiã¹ ang² zik⁷ gng¹ yiã⁵ yiã⁵
正 月 正，红 灯 挂 大 厅，红 烛 光 焱 焱，
（新年正月,红灯挂大厅,红烛亮堂堂,）

Mng² kao³ bang⁵ pao⁵ dua⁶ bbu¹ siã¹ lao⁶ liat⁸ gun³ gun³ nao⁶ sin¹ ziã¹
门 口 放 炮 大 母 声，闹 热 滚 滚 闹 新 正。
（门口放炮声震耳欲聋,热火朝天闹新年。）

Ziã¹ ggeh⁸ ziã¹ lai² bai⁵ ziã¹ cu⁵ bĩ¹ tao² bbe³ ho³ soo³ giã²
正 月 正，来 拜 正，厝 边 头 尾 好 所 行，
（新年正月,来拜年,左邻右舍很热情、客气,）

Gĩ⁵ bbin⁶ giong¹ hi³ gong³ ho³ we⁶ huan¹ tian¹ hi³ de⁶ ge⁵ sin¹ ziã¹
见 面 恭 喜 讲 好 话，欢 天 喜 地 过 新 正。
（见面互相恭喜,说不完道不尽的吉祥话,大家欢天喜地过新年。）

Siong⁶ gguan² mi² ggeh⁸ dng¹ yĩ²
上 元 暝，月 当 圆
（元宵夜,月正圆）

Siong⁶ gguan² mi² ggeh⁸ dng¹ yĩ²
上 元 暝，月 当 圆，
（元宵夜,月正圆,）

Dua⁶ lang² gin³ a³ lai² so¹ yĩ²
大 人 囝 仔 来 搓 圆。
（大人小孩儿来搓汤圆。）

Yī² a³ yī² a³ ziah⁸ dī¹ dī¹
圆仔圆仔 食 甜甜，
（吃着甜甜的汤圆，）
Ziok⁷ lan³ zuan² ge¹ dua⁶ tuan² yī²
祝 咱 全 家 大 团 圆。
（祝咱全家大团圆。）

Siong⁶ gguan² ding¹ ziã² cu⁵ bbi⁶
上 元 灯，诚 趣 味
（元宵灯，非常有趣）

Siong⁶ gguan² ding¹ ziã² cu⁵ bbi⁶ ngia² lai² ngia² ki⁵ zin¹ huã¹ hi³
上 元 灯，诚 趣 味，迎 来 迎 去 真 欢 喜。
（元宵灯，很有趣，人们看着游行的花灯，越看越高兴。）
Gue¹ tao² hang⁶ bbe³ lang² dī⁶ dī⁶ siũ³ ggeh⁸ kuã⁵ ding¹ ge⁵ sio³ ni²
街 头 巷 尾 人 滇滇，赏 月 看 灯 过 小 年。
（街头巷尾人群拥挤，赏月看灯如同过小年。）
Tī¹ ding³ siong⁶ sui³ ggeh⁸ niu² yī² lin² gan¹ siong⁶ sui³ siong⁶ gguan²
天 顶 上 水 月 娘 圆，人 间 上 水 上 元
mi²
暝。
（天上最漂亮的是月亮圆，人间最漂亮的是元宵夜。）

Cing¹ bbing² gam³ huai²
清 明 感 怀

Cing¹ bbing² si² ziat⁷ wu³ hun¹ hun¹
清 明 时 节 雨 纷 纷，
Bbian³ huai² sian¹ liat⁸ yok⁸ duan⁶ hun²
缅 怀 先 烈 欲 断 魂。
But⁷ bbong⁶ coo¹ sim¹ wi⁶ lin² bbin²
不 忘 初 心 为 人 民，
Hong⁶ hian⁵ zing¹ sin¹ lan³ duan² sin²
奉 献 精 神 咱 传 承。

Cing¹ bbing² si² ziat⁷ wu³ hun¹ hun¹
清 明 时 节 雨 纷 纷，

Ze⁵ bai⁵ sian¹ lin² yok⁸ duan⁶ hun²
　祭　拜　先　人　欲　断　魂。
Lan² bbong⁶ be⁶ bbu³ tiã⁵ giã³ sun¹
　难　忘　爸　母　疼　囝　孙，
Giã³ sun¹ ying³ gi⁵ be⁶ bbu³ wun¹
　囝　孙　永　记　爸　母　恩。

Ggoo⁶ ggeh⁸ zueh⁷ be² ling² zun²
五　月　节，扒　龙　船（端午节，划龙舟）

Ggoo⁶ ggeh⁸ zueh⁷ be² ling² zun² dua⁶ lang² gin³ a³ hua² hua² gun³
　五　月　节，扒　龙　船，大　人　囝　仔　哗　哗　滚。
（端午节，龙舟比赛，大人小孩闹哄哄。）
Hai³ bbin⁶ zit⁸ bai² si⁵ ziah⁷ zun² huã⁶ ding³ lin² bbe³ zit⁸ dua⁶ gun²
　海　面　一　排　四　只　船，岸　顶　人　马　一　大　群。
（海面一排四只船，岸上人群拥挤闹嚷嚷。）
Bi³ sai⁵ kai¹ si³ bi¹ a³ bun² ziũ³ ki³ ziũ³ loh⁸ zui³ hue¹ pun⁵
　比　赛　开　始　啡　仔　嗌，桨　起　桨　落　水　花　喷。
（哨子一吹比赛开始，随着运动员划桨的起落喷出水花。）
Pah⁷ lo² pah⁷ goo³ zue⁵ ao⁶ dun³ mua³ bbin⁶ dua⁶ guã⁶ zing¹ guan⁵
　拍　锣　拍　鼓　做　后　盾，满　面　大　汗　争　冠
gun¹
军。
（敲锣打鼓做后盾，运动员为争冠军而使劲向前划桨，满脸大汗淋漓。）

Cit⁷ ggeh⁸ cit⁷ ggu² nng² zit⁷ lu³ siong¹ hue⁶
七　月　七，牛　郎　织　女　相　会

Ggu² nng² cī¹ zit⁸ lu³ cī¹ cit⁷ ggeh⁸ cue¹ cit⁷ e am⁵ mi²
　牛　郎　星，织　女　星，七　月　初　七　的　暗　暝，
（牛郎星，织女星，七月初七的夜晚，）
Tī¹ ding³ ggun² ho² bī¹ zit⁸ ni² zit⁸ bai³ yok⁷ siong¹ gĩ⁵
　天　顶　银　河　边，一　年　一　摆　约　相　见。
（天上银河边，一年一次约相见。）

Ggeh⁸ niu² ggeh⁸ gng¹ gng¹ ki³ cu⁵ can² diong¹ ng¹
月 娘 月 光 光，起 厝 田 中 央

Ggeh⁸ niu² ggeh⁸ gng¹ gng¹ ki³ cu⁵ can² diong¹ ng¹
 月 娘 月 光 光，起 厝 田 中 央，
（月亮光光照田庄，田中宅院亮堂堂。）

Can² bī¹ bbeh⁸ a³ ng² cin¹ ciū⁶ sui³ hue¹ hng²
 田 边 麦 仔 黄，亲 像 水 花 园。
（田边麦子黄，好像漂亮的花园闪金光。）

Ggeh⁸ niu² ggeh⁸ gng¹ gng¹ zio⁵ lip⁸ bang² ging¹ mng²
 月 娘 月 光 光，照 入 房 间 门，
（月亮光光照进房，）

Sin¹ pe⁶ cioh⁸ sin¹ bbin² cng² zit⁸ mi² kun⁵ gao⁵ gng¹
 新 被 席，新 眠 床，一 瞑 睏 遘 光。
（新棉被、新席子、新床铺，仰卧漂亮床，一夜睡到天亮。）

Diong¹ ciu¹ buah⁸ biã³
中 秋 博 饼

Diong¹ ciu¹ ggeh⁸ yī² ciū⁶ bbing² giã⁵ zio⁵ gao⁵ si⁵ gue⁵ gng¹ yiã⁵ yiã⁵
 中 秋 月 圆 像 明 镜，照 遘 四 界 光 焱 焱。
（中秋月圆像明镜，照得到处亮堂堂。）

Ge¹ ge¹ hoo⁶ hoo⁶ buah⁸ ggeh⁸ biã³ buah⁸ dao⁶ a³ liong³ gah⁷ dua⁶ bbu³ siã¹
 家 家 户 户 博 月 饼，博 骰 仔 嚷 甲 大 母 声。
（家家户户博月饼，骰子声、欢叫声热闹非凡。）

A¹ gong¹ buah⁸ dioh⁸ ziong⁶ gguan² biã³ buah⁸ liao³ bun¹ hoo⁶ dak⁸ e² ziah⁸
 阿 公 博 着 状 元 饼，博 了 分 互 逐 个 食。
（爷爷博到状元饼，博完分给大家吃。）

Sun¹ a³ siang¹ ciu³ teh⁸ dioh⁸ biã³ gang⁶ yi¹ a¹ gong¹ seh⁷ do¹ sia⁶
 孙 仔 双 手 撏 着 饼，共 伊 阿 公 说 多 谢。
（孙子双手拿着饼，跟他爷爷说谢谢。）

Ai⁵ gok⁷ hua² giao² Dan² Ga¹ gĩ¹
爱国 华侨 陈嘉庚

Ai⁵ gok⁷ hua² giao² Dan² Ga¹ gĩ¹ yi¹ si⁶ tĩ¹ ding³ siam³ gng¹ e cĩ
爱国 华侨 陈嘉庚，伊是天顶 闪 光 的星。
king¹ zu¹ ban⁶ oh⁸ zi⁵ but⁷ yi² bue² yong³ lin² zai¹ bbuan² to² li³
倾 资 办 学 志 不 移，培 养 人 才 满 桃 李。
Ai⁵ gok⁷ hua² giao² Dan² Ga¹ gĩ¹ piao¹ yiū ge⁵ hai³ tan⁵ dua⁶ zĩ²
爱国 华侨 陈嘉庚，漂洋过海 趁 大钱。
Cong⁵ ban⁶ Ha⁶ dai⁶ gah⁷ Zip⁸ bbi³ Ga¹ gĩ¹ zing¹ sin² duan² bban⁶
创 办 厦大 甲 集美，嘉庚 精神 传 万
li³
里。

Hua² giao² gi² zi⁵ Dan² Ga¹ gĩ Ai⁵ zoo³ gok⁷ ai⁵ hiũ¹ li³
华 侨 旗帜 陈嘉庚，爱祖国、爱乡里。
hong⁶ hian⁵ zing¹ sin² duan² loh ki Ga¹ gĩ¹ wun¹ zing² ying³ wan³
奉 献 精 神 传 落去，嘉庚 恩 情 永 远
gi⁵
记。

Hua² giao² gi² zi⁵ Dan² Ga¹ gĩ bbin² zok⁸ gong¹ hui¹ ying³ wan³ gi⁵
华 侨 旗帜 陈嘉庚，民 族 光 辉 永 远 记。
Gao⁵ yok⁸ giu⁵ gok⁷ dua⁶ dai⁶ zi⁵ ko¹ hak⁸ hing¹ gok⁷ si⁶ tian¹ li³
教 育 救 国 大 代 志，科 学 兴 国 是 天 理。
（注：伊：他。天顶：天上。趁：赚。传落去：传下去。）

Lu³ yiu² gong³ bbun² bbing²
旅游 讲 文 明

Lu³ yiu² Diong¹ gok⁷ ho³ soo³ zai⁶ lik⁸ sui³ cing¹ san¹ lang² lang² ai⁵
旅游 中 国 好 所 在，绿 水 青 山 人 人 爱。
（旅游中国好地方，绿水青山人人爱。）
Zu⁵ yi⁵ we⁶ sing¹ gong³ bbun² bbing² luan⁶ zo⁶ luan⁶ wi⁶ tai⁵ but⁷ gai¹
注 意 卫 生 讲 文 明， 乱 皂 乱 画 太 不 该。
（注意卫生讲文明，乱涂乱画太不该。）
Hue¹ cao³ sui³ sui³ zin¹ ko³ ai⁵ na⁶ si⁶ dah⁸ si zin¹ bbo² cai³
花 草 水 水 真 可 爱， 若 是 踏 死 真 无 采。
（花草美丽真可爱，若是踩死太可惜。）

Ai⁵ hoo⁶ gong¹ bbut⁸ dak⁸ e² zai¹ sng³ pai³ mih⁸ giã⁶ bbut⁷ ying⁵ gai¹
爱 护 公 物 逐 个 知，损 坏 物 件 不 应 该。
(爱护公物人人知,损坏东西不应该。)

Lu³ yiu² gong³ gao¹ tong¹
旅 游 讲 交 通

Ze⁶ hui¹ gi¹ kuã⁵ tī¹ ding³ lu³ yiu² se⁵ gai⁵ ho³ gong¹ ging³
坐 飞 机，看 天 顶，旅 游 世 界 好 光 景；
(坐飞机,看天上,旅游世界好光景;)

Ze⁶ yiu² lun² kuã⁵ dua⁶ hai³ hai³ kuah⁷ tian¹ kong¹ ho³ hai³ ging³
坐 游 轮，看 大 海， 海 阔 天 空 好 海 景；
(坐游轮,看大海,海阔天空好海景;)

Ze⁶ dong⁶ cia¹ kuã⁵ zit⁸ loo⁶ lik⁸ sui³ cing¹ san¹ ho³ hong¹ ging³
坐 动 车， 看 一 路， 绿 水 青 山 好 风 景；
(坐动车,看一路,绿水青山好风景;)

Ze⁶ ki⁵ cia¹ kuã⁵ cun¹ ging³ sun⁶ bian⁶ bban³ gging² gging³
坐 汽 车， 看 村 景， 顺 便 挽 龙 眼。
(坐汽车,看农村新景象,顺便采龙眼。)

Lu³ yiu² bbue³ puã⁶ ciu³ mih⁸
旅 游 买 伴 手 物

Lu³ yiu² tit⁷ to² zin¹ huã¹ hi³ do⁵ ki⁵ dioh⁸ bbue³ puã⁶ ciu³ mih⁸
旅 游 佚 佗 真 欢 喜，倒 去 着 买 伴 手 物。
(旅游玩耍很高兴,回去得买伴手礼。)

Bban² dai² dik⁸ san³ zin¹ zue⁶ kuan³ gu⁵ li³ ging³ gah⁷ siong⁶ gah⁷ yi⁵
闽 台 特 产 真 侪 款，据 你 拣 甲 上 甲 意。
(闽台特产很多种,任你挑选最满意的。)

E⁶ mng² ã⁶ biã³ zue⁶ si² giã⁶ hai³ te² tih⁷ guan¹ yim¹ zin¹ cut⁷ mia²
厦 门 馅 饼 最 时 行， 海 堤 铁 观 音 真 出 名，
(厦门馅饼最流行,海堤铁观音很出名,)

Bbue³ ki⁵ sang⁵ bing² yiu³ gah⁷ cin¹ ziã² dak⁸ e² o¹ lo³ li³ ho³
买 去 送 朋 友 甲 亲 情， 逐 个 阿 咾 你 好

soo³ giã²
　所　行。

（买回去送朋友和亲戚,大家表扬你很热情客气。）

　　Ziang¹ ziu¹ bat⁷ bo³ yin⁵ ni² ho³ mia² siã¹ pĩ⁵ a³ hong² ah⁷ zin¹
　　漳　州　八　宝　印　泥　好　名　声,　片　仔　癀　抑　真
cut⁷ mia²
出　名。

（漳州八宝印泥好名声,片仔癀也很出名。）

　　Ga¹ siong⁶ zui³ sian¹ hue¹ sã¹ dua⁶ giã⁶ dak⁸ e² o¹ lo³ li³ ggao²
　　加　上　水　仙　花　三　大　件,　逐　个　阿　咾　你　势
bbue³ mih⁸ giã⁶
买　物　件。

（加上水仙花三大件,大家表扬你很会买东西。）

　　Zuan² ziu¹ cut⁷ san³ lik⁸ dao⁶ biã³ an¹ kue¹ tih⁷ guan¹ yim¹ zin¹
　　泉　州　出　产　绿　豆　饼,　安　溪　铁　观　音　真
cut⁷ mia²
出　名。

（泉州出产绿豆饼,安溪铁观音很出名。）

　　Giat⁷ hong² go¹ cing¹ dĩ¹ ziah⁸ bbue⁶ yi⁵ dak⁸ e² o¹ lo³ li³ zin¹
　　桔　红　糕　清　甜　食　呣　饫,　逐　个　阿　咾　你　真
goo³ yi⁵
古　意。

（桔红糕清甜吃不腻,大家表扬你热情又好意。）

　　Dai² wan² ong⁶ lai² soo¹ ho³ zu¹ bbi⁶ gim¹ mng² gong⁵ tng¹ ce⁵
　　台　湾　旺　梨　酥　好　滋　味,　金　门　贡　糖　脆
goh⁷ dĩ¹
佫　甜,

（台湾凤梨酥好味道,金门贡糖酥脆又甜。）

　　Gao¹ liang² ziu³ suah⁷ bbue³ nng⁶ gan¹ do⁵ ki⁵ dak⁸ e² o¹ lo³ li³
　　高　粱　酒　煞　买　两　矸　倒　去,　逐　个　阿　咾　你
ggao² bbue³ mih⁸
势　买　物。

（高梁酒顺便买两瓶回去,大家表扬你很会买东西。）

95

三、唐宋诗词选读

Zing⁶ ya⁶ su¹
静 夜 思
Li³ bik⁸
李 白

Cong² zian² bbing² gguat⁸ gong¹
床 前 明 月 光，
Ggi² si⁶ de⁶ siong⁶ song¹
疑 是 地 上 霜。
Gu³ too² bbong⁶ bbing² gguat⁸
举 头 望 明 月，
de¹ too² su¹ goo⁵ hiong¹
低 头 思 故 乡。

San¹ hing²
山 行
Doo⁶ bbok⁸
杜 牧

Wan³ siong⁶ han² san³ sik⁸ ging⁵ sia²
远 上 寒 山 石 径 斜，
Bik⁸ hun² sim¹ cu⁵ yiu³ lin² ga¹
白 云 深 处 有 人 家。
Ting² cia¹ zo⁶ ai³ hong¹ lim² bbuan³
停 车 坐 爱 枫 林 晚，
Song¹ yap⁸ hong² wu² li⁶ gguat⁸ hua¹
霜 叶 红 于 二 月 花。

Zoo³ huat⁷ bik⁸ de⁵ sing²
早 发 白 帝 城
Li³ bik⁸
李 白

Diao¹ si² bik⁸ de⁵ cai³ hun² gan¹
朝 辞 白 帝 彩 云 间，

Cian¹ li³ gang¹ ling² yit⁷ lit⁸ huan²
千 里 江 陵 一 日 还。
Liong³ ggan⁶ wan² sing¹ te² but⁷ zu⁶
两 岸 猿 声 啼 不 住,
King¹ ziu¹ yi³ go⁵ bban⁶ diong² san¹
轻 舟 已 过 万 重 山。

Wa⁶
画
Ong² wi²
王 维

Wan³ kan⁵ san¹ yiu³ sik⁷,
远 看 山 有 色,
Gun⁶ ting¹ sui³ bbu² sing¹
近 听 水 无 声。
Cun¹ ku⁵ hua¹ huan² zai⁶,
春 去 花 还 在,
Lin² lai² niao³ but⁷ ging¹
人 来 鸟 不 惊。

Hu⁵ dik⁷ goo³ gguan² co³ song⁵ biat⁸
赋 得 古 原 草 送 别
Bik⁸ gu¹ yi⁶
白 居 易

Li² li² gguan² siong⁶ co³
离 离 原 上 草,
Yit⁷ sue⁵ yit⁷ koo¹ ying²
一 岁 一 枯 荣。
Ya³ hoõ³ siao² but⁷ zin⁶
野 火 烧 不 尽,
Cun¹ hong¹ cui¹ yiu⁶ sing¹
春 风 吹 又 生。
Wan³ hong¹ cim¹ goo³ do⁶
远 芳 侵 古 道,
Zing² cui⁵ ziap⁷ hong¹ sing²
晴 翠 接 荒 城。

Yiu⁶ song⁵ ong² sun¹ ku⁵,
又 送 王 孙 去,
Ce¹ ce¹ bbuan³ biat⁸ zing²
萋 萋 满 别 情。

Yiu² zu³ ggim²
游 子 吟
Bbing⁶ gao¹
孟 郊

Zu² bbu³ ciu³ diong¹ sian⁵
慈 母 手 中 线,
Yiu² zu³ sin¹ siong⁶ yi¹
游 子 身 上 衣。
Lim² hing² bbit⁸ bbit⁸ hong²
临 行 密 密 缝,
Yi⁵ kiong³ di² di² gui¹
意 恐 迟 迟 归。
Sui² ggian² cun⁵ co³ sim¹
谁 言 寸 草 心,
Bo⁵ dik⁷ sam¹ cun¹ hui¹
报 得 三 春 晖。

Niao³
鸟
Bik⁸ gu¹ yi⁶
白 居 易

Sui² do⁶ gun¹ sing¹ sing¹ bbing⁶ wi¹
谁 道 群 生 生 命 微,
Yit⁷ buan¹ gut⁷ liok⁸ yit⁷ buan¹ pi²
一 般 骨 肉 一 般 皮。
Kuan⁵ gun¹ bbok⁸ dã³ zi¹ too² niao³
劝 君 莫 打 枝 头 鸟,
Zu³ zai⁶ zao² diong¹ bbong⁶ bbu³ gui¹
子 在 巢 中 望 母 归。

Ggu² go¹ zu³
渔 歌 子
Diū¹ zi⁵ ho²
张 志 和

Se¹ sai⁵ san¹ zian² bik⁸ loo⁶ hui¹
西 塞 山 前 白 鹭 飞，
To² hua¹ liu² sui³ gue⁵ ggu² hui²
桃 花 流 水 鳜 鱼 肥。
Cing¹ liok⁸ lip⁸ lik⁸ so¹ yi¹
青 箬 笠，绿 蓑 衣，
Sia² hong¹ se⁵ wu³ but⁷ su¹ gui¹
斜 风 细 雨 不 须 归。

Cing¹ bbing²
清 明
Doo⁶ bbok⁸
杜 牧

Cing¹ bbing² si² ziat⁷ wu³ hun¹ hun¹
清 明 时 节 雨 纷 纷，
Loo⁶ siong⁶ hing² lin² yok⁸ duan⁶ hun²
路 上 行 人 欲 断 魂。
Zioh⁷ bbun⁶ ziu³ ga¹ ho² cu⁵ yiu³
借 问 酒 家 何 处 有？
Bbok⁸ dong² yao² zi³ hing⁶ hua¹ cun¹
牧 童 遥 指 杏 花 村。

De² se¹ lim² bik⁷
题 西 林 壁
Soo¹ sik⁷
苏 轼

Hing² kan⁵ sing² ling³ cik⁷ sing² hong¹
横 看 成 岭 侧 成 峰，
Wan³ gun⁶ go¹ de¹ gok⁶ but⁷ dong²
远 近 高 低 各 不 同。

But⁷ sik⁷ loo² san¹ zin¹ bbian⁶ bbok⁸
不 识 庐 山 真 面 目，
Zi³ yan² sin¹ zai⁶ cu³ san¹ diong¹
只 缘 身 在 此 山 中。

Gguat⁸ ha⁶ dok⁸ ziok⁷
月 下 独 酌
Li³ bik⁸
李 白

Hua¹ gan¹ yit⁷ oo² ziu³
花 间 一 壶 酒，
Dok⁸ ziok⁷ bbu² siong¹ cin¹
独 酌 无 相 亲。
Gu³ bue³ yao¹ bbing² gguat⁸
举 杯 邀 明 月，
Dui⁵ ying³ sing² sam¹ lin²
对 影 成 三 人。

Long⁶ do² sa¹
浪 淘 沙
Lao² wu³ sik⁷
刘 禹 锡

Bbok⁸ do⁶ zam² ggian² lu² long⁶ sim¹
莫 道 谗 言 如 浪 深，
Bbok⁸ ggian² cian¹ kik⁷ su⁶ sa¹ dim²
莫 言 迁 客 似 沙 沉。
Cian¹ do² bban⁶ lok⁷ sui² sin¹ koo³
千 淘 万 漉 虽 辛 苦。
Cui¹ zin⁶ gong² sa¹ su³ do⁵ gim¹
吹 尽 狂 沙 始 到 金。

Giu³ gguat⁸ giu³ lit⁸ yik⁷ san¹ dong¹ hing¹ de⁶
九 月 九 日 忆 山 东 兄 弟
Ong² wi²
王 维

Dok⁸ zai⁶ yi⁶ hiong¹ wi⁶ yi⁶ kik⁷
独 在 异 乡 为 异 客，
Mui³ hong² ga¹ ziat⁷ bue⁶ su¹ cin¹
每 逢 佳 节 倍 思 亲。
Yao² di¹ hing¹ de⁶ ding¹ go¹ cu⁵
遥 知 兄 弟 登 高 处，
Bian⁵ cah⁷ zu¹ lu² siao³ yit⁷ lin²
遍 插 茱 萸 少 一 人。

附 录

一、常用分类词表

(一)本词表是为增加词汇量,补充课文的不足而设的,一般不与课文的词语重复。词表分为以下八类:

1. 亲属称谓　　2. 身体五官
3. 生老病死　　4. 饮食穿戴
5. 用品用具　　6. 时间节气
7. 动作心理　　8. 性状形容

(二)以方言词目领头,每条先列汉字后标音,普通话的对照词写在后面。如:

外家 ggua^6 ge^1 娘家
丈人 diũ^6 lang^2 岳父
丈姆 diũ^6 m^3 岳母

(三)有些说法是两可的,用括号标明,有些字音有明显变化的,也在括号内写上变化后的音,如:
(猪)肉 di^1 bbah^7(此条可以讲"肉"也可讲"猪肉")

油炸粿 yiu^2 za^5(zia^5)ge^3("炸"za^5 变为 zia^5)

(四)有些词目用法不同或有特殊意义的也加括号说明,如:

茶钴 de^2 goo^3(烧水用)、茶壶 de^2 oo^2(泡茶用)
过身 ge^5 sin^1 老去 lao^6 ki(委婉语)死了

(五)有的动词、形容词加例词、例句说明用法。例词、例句中的"～"代表词条。如：

投 dao^2 唔惊伊去～（不怕他去告状）
寒 guã^2 真～（很冷）、～天（冬天）

上面"～"符号即指"投"和"寒"。
(六)有的动词、形容词有两种意思的,都有例词、例句。如：

细腻 sue^5 li^6 行着～。免～（走路得小心。别客气）

1.亲属称谓
丈夫 da^6 boo^1 男人
查某 za^1 bboo^3 女人
大人 dua^6 lang^2 大人
囝仔 gin^3 a^3 小孩儿
序大人 si^6 dua^6 lang^2
（父母祖父母等长辈）
序人 si^6 dua^6 长辈
序细 si^6 sue^5 小辈
翁 ang^1 丈夫
某 bboo^3 妻子
牵手 kan^1 ciu^3 妻子、丈夫
夫人 hu^1 lin^2 太太 tai^5 tai^5
大官 da^6 guã^1 公公
大家 da^6 ge^1 婆婆
外家 ggua^6 ge^1 娘家
亲家 cin^1 ge^1
亲姆 cĩ^1 m^3 亲家母
丈人 diũ^6 lang^2 岳父
丈姆 diũ^6 m^3 岳母
契爸 kue^5 be^6 干爹
契母 kue^5 bbu^3 干娘
兄嫂 hiã^1 so^3 嫂子
姊夫 zi^3 hu^1 姐夫
新妇 sin^1 bu^6 媳妇儿
新妇仔 sin^1 bu^6 a^3 童养媳

团婿 giã^3 sai^5 女婿
阿舅 a^1 ku^6 舅舅
阿妗 a^1 gim^6 舅妈
舅公 gu^6 gong^1 称父母的舅舅
妗婆 gim^6 bo^2 称父母的舅妈
阿姑 a^1 goo^1 姑姑
姑母 goo^1 bbu^3 姑妈
同门 dang^2 mng^2 连襟
同姒仔 dang^2 sai^5 a^3 妯娌
亲堂 cin^1 dong^2 堂亲
亲情 cin^1 ziã^2 亲戚
亲情五杂 cin^1 ziã^2 ggoo^6 zap^8
　亲戚
面线亲 mi^6 suã^5 cin^1 远亲
厝边头尾 cu^5 bĩ^1 tao^2 bbe^3 邻居

2.身体五官
身躯 sin^1 ku^1 身体
头壳 tao^2 kak^7 头
头脑 tao^2 nao^3
头毛 tao^2 mng^2 头发
头麸 tao^2 poo^1 头皮脱落的碎屑
头额 tao^2 hiah^8 额头
鬓边 bin^5 bĩ^1 双鬓
面 bbin^6 脸
牙槽腮 gge^2 zo^2 sai^1 腮帮

胡蝇屎 hoo² sin² sai¹ 雀斑
目珠 bbak⁸ ziu¹ 眼睛
目珠仁 bbak⁸ ziu¹ lin¹ 眼珠儿
目眉 bbak⁸ bbai² 眉
目眉毛 bbak⁸ bbai² mng² 眉毛
目睫毛 bbak⁸ ziah⁷ mng¹ 眼睫毛
目箍 bbak⁸ koo¹ 眼眶子
目屎 bbak⁸ sai³ 眼泪
目屎膏 bbak⁸ sai³ go¹ 眼眵
目油 bbak⁸ yiu² 泪液
鼻仔 pī⁶ a³ 鼻子
鼻腔 pī⁶ kang¹ 鼻孔
鼻 pī⁶ 鼻水 pī⁶ zui³、鼻蚝 pī⁶ o²
　鼻涕、鼻屎、鼻牛儿
耳仔 hi⁶ a³ 耳腔 hi⁶ kang¹
　耳朵
喙 cui⁵ 嘴巴
喙䫌 cui⁵ pue³ 面颊
喙唇 cui⁵ dun² 嘴唇
喙须 cui⁵ ciu¹ 胡子
喙齿 cui⁵ ki³ 牙齿
喙澜 cui⁵ nua² 涎水
痰 tam²
蛀齿 ziu⁵ ki³ 虫牙
舌仔 zih⁸ a³ 舌头
齿疡 ki³ siũ² 牙垢
下斗 e⁶ dao³ 下颏 e⁶ hai² 下巴
咙喉 na² ao² 喉咙
颔滚 am⁶ gun³ 脖子
手 ciu³ 手骨 ciu³ gut⁷ 手
拃头仔 zng³ tao² a³ 手指头
大部母 dua⁶ boo⁶ bbu³ 大拇指
中指 diong¹ zãi³
尾指 bbe³ zãi³ 小指头
拃甲 zng³ gah⁷ 指甲
肩头 ging¹ tao²
胛脊 gah⁷ ziah⁷ 背部

胸坎 hing¹ gam³ 胸脯儿
心肝 sim¹ guã¹
奶 ni¹ 乳房
腹肚 bak⁷ doo³ 肚子
肚脐 doo⁶ zai² 肚脐儿
衣 wi¹ 胎盘
尻川 ka¹ cng¹ 屁股
骹 ka¹ 脚
大腿 dua⁶ tui³
骹头趺 ka¹ tao² hu¹ 膝盖
鸭母蹄 ah⁷ bbu³ due² 扁平脚
骨 gut⁷、筋 gun¹ 皮 pe²

3. 生老病死

结婚 giat⁷ hun¹
新娘 sin¹ niu²
新官 sin¹ guã¹ 新郎
病囝 bī⁶ giã³ 害喜
有身 wu⁶ sin¹ 怀孕
交落身 ga¹ laoh⁸ sin¹ 落胎
　lao⁵ te¹ 小产
拾囡仔 kioh⁷ gin³ a³ 接生
出世 cut⁷ si⁵ 生 sī¹ 出生
（做）月内（zue⁵）ggeh⁸ lai⁶ 做月子
满月 mua³ ggeh⁸ 弥月
度晬 doo⁶ ze⁵ 周岁
种珠 zing⁵ zu¹ 种花儿
尿苴 lio⁶ zu⁶ 尿燥 lio⁶ so⁵
　尿布
出癖 cut⁷ piah⁸ 出麻疹
出运 cut⁷ wun⁶ 解脱厄运
做人 zue⁵ lang 女子许婚
做人 zue⁵ lang²
做客 zue⁵ keh⁷ 出嫁、回娘家
存款 zun² kuan³　存钱 zun² zĩ²
取款 cu³ kuan³ 抐钱 teh⁸ zĩ² 取钱
储蓄 tu³ tiok⁷

理财 li³ zai²
户头 hoo⁶ tao²
定期 ding⁶ gi²
活期 wah⁸ gi²
利息 li⁶ sik⁷
签名 ciam¹ mia²
焄新妇 cua⁶ sin¹ bu⁶ 娶媳妇儿
拍哈呛 pah⁷ ha¹ ciũ⁵ 打喷嚏
落屎 lao⁵ sai³ 拉肚子
着痧 dioh⁸ sua¹ 中暑
寒着 guã² dioh 感冒 gam³ moo⁶
脾土 bi² too³ 脾胃
清膜凹 cin⁵ mooh⁸ nah⁷ 皮疹
喙齿痛 cui⁵ ki³ tiã⁵ 牙齿疼
肺炎 hi⁵ yam⁶ 肺病
肝炎 guã¹ yam⁶ 肝病
盲肠炎 bbong² dng² yam⁶
癌 ggam²
晕船 hin² zun²
晕车 hin² cia¹
要吐 bbeh⁷ too⁵ 想吐
赤心 ciah⁷ sim¹ 恶心
艉消 bbue⁶ xiao¹ 消化不良
粒仔 liap⁸ a³ 疖子
痱 bui⁵ a³ 痱子
坚疕 gian¹ pi³ 结痂
心脏病 sim¹ zong⁶ bĩ⁶
高血压 go¹ huih⁷ ap⁷
医院 yi¹ yĩ⁶
急诊室 gip⁷ zin³ sik⁷
住院部 zu⁶ yĩ⁶ boo⁶
病房 bĩ⁶ bang²
手术室 ciu³ sut⁸ sik⁷
化验室 hua⁵ ggiam⁶ sik⁷
妇产科 hu⁶ san³ ko¹
儿科 li² ko¹
外科 ggua⁶ ko¹

内科 lai⁶ ko¹
药方 yoh⁸ hng¹
药丸 yoh⁸ wan²
药棉 yoh⁸ mi²
纱布 se¹ boo⁵
酒精 ziu³ zing¹
紫药水 zi³ yoh⁸ zui³
红药水 ang² yoh⁸ zui³ 红汞
煎药 zuã¹ yoh⁸
中医 diong¹ yi¹
西医 se¹ yi¹
开刀 kui¹ do¹ 手术 ciu³ sut⁸
针灸 ziam¹ gu¹
近视 gun⁶ si⁶
远视 wan³ si⁶
青盲 cĩ¹ mi² 瞎眼
臭耳聋 cao⁵ hi⁶ lang² 聋子
哑口 e³ gao³ 哑巴
猫面 niao⁶ bbin⁶ 麻脸
跛骹 bai³ ka¹ 跛子
痀痀 ng³ gu¹ 驼背
癫㾾 tai³ go¹ 麻疯
夭寿 yao³ siu⁶ 短命
过身 ge⁵ sin¹ 老去 lao⁶ ki
（委婉语）死了
死去 si³ ki 死了
出山 cut⁷ suã¹ 出殡、送葬

4.饮食穿戴

饭 bng⁶ 干饭
糜 bbe² 稀饭
饮 am³ 米汤
米 bbi³
米粉 bbi³ hun³
冬粉 dang³ hun³
面头 mi⁶ tao² 馒头 bban⁶ tao²
包仔 bao¹ a³ 包子

花卷 hue¹ gng³
油炸粿 yiu² za⁵（zia⁵）ge³ 油条
甜粿 dĩ¹ ge³ 年糕
物配 mih⁸ pe⁵ 下饭菜
鸡角 gue¹ gak⁷ 公鸡
鸡母 gue¹ bbu³ 母鸡
鸡僆 gue¹ nua⁶ 童子鸡
皮蛋 pi² dan⁵ 松花蛋
鸭 ah⁷ 鸭子
鸭雄仔 ah⁷ hing² a³ 鸭黄
鳗鱼 mua² hi²
鲳鱼 ciũ¹ hi²
红瓜鱼 ang² gue¹ hi² 黄花鱼
水鸡 sui³ gue¹ 田鸡
马鲛鱼 bbe³ ga¹ hi²
鲛鰳鱼 ga¹ lah⁸ hi² 真鲷
黄翅 ng² sit⁸
鳜鱼 ge⁵ hi²
蟳 zim² 螃蟹
蠘 cih⁷ 梭子蟹
鳖 bih⁷ 圆鱼
（猪）肉 di¹ bbah⁷
猪骹 di¹ ka¹ 猪蹄髈
猪肝 di¹ guã¹
猪腰 di¹ yo¹
猪心 di¹ sim¹
猪尺 di¹ cioh⁷ 胰、猪脺脏
猪肚 di¹ doo⁶
猪肠仔 di¹ dng² a³ 猪肠子
肉骨 bbah⁷ gut⁷ 排骨 bai² gut⁷
牛肉 ggu² bbah⁷
羊肉 yiũ² bbah⁷
狗肉 gao³ bbah⁷
火腿 he³ tui³
青菜 cĩ¹ cai⁵、蔬菜 soo¹ cai⁵
白菜 beh⁸ cai⁵ 小白菜
包心白菜 bao¹ sim¹ beh⁸ cai⁵

山东白菜
高丽菜 go¹ le² cai⁵ 甘蓝菜
芥蓝菜 ge⁵ na² cai⁵
芥菜 gua⁵ cai⁵
茼蒿菜 dang² o¹ cai⁵ 茼蒿
芳菜 pang¹ cai⁵ 生菜
冬笋 dang¹ sun³
茭白笋 ga¹ bik⁸ sun³ 茭白
红菜头 ang² cai⁵ tao²
红萝卜 ang² la² bak⁸ 红萝卜
葱仔 cang¹ a³ 青葱
蒜仔 suan⁵ a³ 蒜
菜瓜 cai⁵ gue¹ 丝瓜
金瓜 gim¹ gue¹ 南瓜
番姜 huan¹ giũ¹ 辣椒
番薯 han¹ zu² 地瓜
番仔番薯 huan¹ a³ han¹ zu² 马铃薯
万寿匏 bban⁶ siu⁶ bu² 番木瓜
青椒 cĩ¹ zio¹
姜母 giũ¹ bbu³ 老姜
菜豆 cai⁵ dao⁶ 豇豆
四季豆 su⁵ gui⁵ dao⁶
胡仁豆 hoo² lin² dao⁶ 豌豆
青仁乌豆 cĩ¹ lin² oo¹ dao⁶ 黑豆
红豆 ang² dao⁶
绿豆 lik⁸ dao⁶
橙 ciang²
柚仔 yiu⁶ a³ 柚子
桃仔 to² a³ 桃子
李仔 li³ a³ 李子
杨梅 ciũ² m²
蓝仔栳 na² a³ but⁸ 番石榴
龙眼 gging² gging³
葡萄 bu² do²
梨仔 lai² a³ 梨子
旺梨 ong⁶ lai² 菠萝
肉油 bbah⁷ yiu² 猪油

生油 sing¹ yiu² 花生油
菜籽油 cai⁵ zi³ yiu²
豆油 dao⁶ yiu² 酱油
乌糖 oo¹ tng² 红糖
白糖 beh⁸ tng²
糖霜 tng² sng¹ 冰糖
麦芽膏 bbeh⁸ gge² go¹ 麦芽糖
麦角 bbeh⁸ gak⁷ 麦片
辣 luah⁸ 辣椒酱
胡椒 hoo² zio¹
五香粉 ngoo³ hiong¹ hun³
咖哩粉 ga¹ li³ hun³
味素粉 bbi⁶ soo⁵ hun³ 味精
柴 ca²
盐 yam²
醋 coo⁵
茶 de²
茶箬 de² hioh⁸
茶心 de² sim¹
茶米 de² bbi³ 茶叶
豆干 dao⁶ guã¹
豆腐 dao⁶ hu⁶
豆乳 dao⁶ lu³ 酱豆腐
霜条 sng¹ diao² 冰棍儿
霜膏 sng¹ go¹ 冰淇淋
点心 diam³ sim¹
食零星 ziah⁸ lan² san¹
食四秀 ziah⁸ si⁵ siu⁵ 吃零食
咸酸珍 giam² sng¹ dĩ¹
　蜜饯、果脯、杂伴儿
臭焦庀 cao⁵ da¹ pi³ 锅巴
香菇 hiũ¹ goo¹
蘑菇 moo² goo¹
泥仔布 ni² a³ boo⁵ 泥布
哔叽 bik⁷ gi¹
线泥 suã⁵ ni²
丝绸 si¹ diu²

乔其纱 giao² gi² se¹
麻纱 mua² se¹
衫裤 sã¹ koo⁵ 衣服
手䘼 ciu³ ng² 袖子
裑仔 gah⁷ a³ 背心
内裤 lai⁶ koo⁵ 裤衩
大裰 dua⁶ kut⁸ 大衣
风衣 hong¹ yi¹
番仔裙 huan¹ a³ gun² 跳舞裙
　tiao⁵ bbu³ gun² 衫连裙 sã¹(lian²、
　liam²) gun² 连衣裙
西装裙 se¹ zong¹ gun²
长衫 dng² sã¹ 旗袍
雨衫 hoo⁶ sã¹ 雨衣
纱仔衫 se¹ a³ sã¹ 汗衫
睏衫 kun⁵ sã¹ 睡衣
领垂 am⁶ se² 围咀巾
袋仔 de⁶ a³ 袋子
袜仔 bbeh⁸ a³ 袜子
长统袜 dng² tang³ bbeh⁸
短统袜 de³ tang³ bbeh⁸
裤袜 koo⁵ bbeh⁸
丝仔袜 si¹ a³ bbeh⁸ 丝袜
尼绒丝袜 ni² liong² si¹ bbeh⁸
皮鞋 pe² we²
球鞋 giu² we²
旅游鞋 lu³ yiu² we²
塑料鞋 sok⁷ liao⁶ we²
高跟鞋 go¹ gun¹ we²
空气鞋 kong¹ ki⁵ we² 凉鞋
金手指 gim¹ ciu³ zi³ 金戒指
金链仔 gim¹ lian⁶ a³ 金项链
手环 ciu³ kuan² 手链 ciu³ lian⁶
　手镯
耳勾 hi⁶ gao¹ 耳环
磺石 suan⁶ zioh⁸ 钻石

5.用品用具

碗 wã³
箸 di⁶ 筷子
汤匙 tng¹ si² 羹匙
盘 buã² 盘子
碟仔 dih⁸ a³ 碟子
鼎 diã³ 锅
高压锅 go¹ ap⁷ e¹
煎匙 zian¹ si² 锅铲
饭匙 bng⁶ si² 饭勺子
电罐 dian⁶ guan⁵ 电瓶
　　dian⁶ ban² 热水瓶
茶钴 de² goo³（烧水用）
茶壶 de² oo²（泡茶用）
茶罐 de² guan⁵ 茶壶
茶瓯 de² ao¹ 茶杯 de² bue¹
　　小茶杯
几桌仔 gi³ doh⁷ a³ 茶几
杯仔 bue¹ a³ 杯子
齿甏 ki³ gong³ 齿杯 ki³ bue¹ 牙杯
齿抿 ki³ bbin³ 牙刷
面桶 bbin⁶ tang³ 面盆 bbin⁶ pun²
　　脸盆
面布 bbin⁶ boo⁵ 面巾 bbin⁶ gun¹
　　毛巾
雪文 sat⁷ bbun² 肥皂
芳雪文 pang¹ sat⁷ bbun² 香皂
雪文粉 sat⁷ bbun² hun³ 洗衫粉
　　sue³ sã¹ hun³ 洗衣粉
抿仔 bbin³ a³ 刷子
竹篙 dik⁷ go¹ 竹竿
窗仔 tang¹ a³ 窗门
门 bbng²
户橂 hoo⁶ ding⁶ 门槛
墘仔 gia⁶ a³ 台阶
灶骹 zao⁵ ka¹ 厨房
厕所 ceh⁷ soo³

卫生间 we⁶ sing¹ ging¹
走马楼 zao³ bbe³ lao² 砖棚
　　zng¹ bĩ² 晒台
阳台 yong² dai⁶ 凉台 liang² dai⁶
　　阳台
眠床 bbin² cng² 床铺
胖椅 pong³ yi³ 沙发 sa¹ huat⁷
棉襁被 mi² zioh⁷ pe⁶ 棉被
被铺席 pe⁶ poo¹ cioh⁸ 卧具
席仔 cioh⁸ a³ 席子
针 ziam¹
线 suã⁵
索仔 soh⁷ a³ 绳子
粗纸 coo¹ zua³ 卫生纸
　　we⁶ sing¹ zua³ 卫生纸
表仔 bio³ a³ 手表 ciu² bio³
电子表 dian⁶ zu³ bio³
闹钟 nao⁶ zing¹
时钟 si² zing¹
目镜 bbak⁸ giã⁵ 眼镜
骹踏车 ka¹ dah⁸ cia¹ 自行车
摩托车 moo² tok⁷ cia¹
龟仔车 gu¹ a³ cia¹ 风车 hong¹ cia¹
　　汽车 ki⁵ cai¹ 小汽车
针车 ziam¹ cia¹ 缝纫机
电视 dian⁶ si⁶
电冰箱 dian⁶ bing¹ siũ¹
洗衫机 sue³ sã¹ gi¹ 洗衣机
电风扇 dian⁶ hong¹ sĩ⁵
录像机 liok⁸ siong⁶ gi¹
卡啦OK ka¹ la¹ oo¹ ke³
音响 yim¹ hiong³
雨伞 hoo⁶ suã⁵
古册 goo³ ceh⁷ ①古籍。②旧的章回
　　小说一类的书。③连环画、小人
　　儿书。古书
古册 goo³ ceh⁷ 翁仔册 ang¹ a³ ceh⁷

连环画

6.时间、节气

世纪 se⁵ gi³
日子 lit⁷ zi³
季节 gui⁵ zueh⁷
年 ni² 月 ggeh⁸ 日 lit⁸
后年 ao⁶ ni² 以后几年
后年 ao⁶ ni 后年
落后年 loh⁸ ao⁶ ni 大后年
天光 tĩ¹ gng¹ 黎明
日时 lit⁸ si 白天
罕乌 huã³ oo¹
　暗头仔 am⁵ tao² a³ 傍晚
瞑时 mi² si 晚上
半瞑三更 buã⁵ mi² sã¹ gĩ¹ 三更半夜
顶摆 ding³ bai³ 以前
即阵 zit⁷ zun⁶ 现在
迹久仔 ziah⁷ gu³ a³ 最近
顶旬 ding³ sun² 上旬 siong⁶ sun²
中旬 diong¹ sun²
下旬 e⁶ sun²
年头 ni² tao² 年初
年中 ni² diong¹
年尾 ni² bbe³ 年底
月头 ggeh⁸ tao² 月初
月尾 ggeh⁸ bbe³ 月底
即个月 zit⁷ go⁵ ggeh⁸ 这个月
迄个月 hit⁷ go⁵ ggeh⁸ 那个月
顶个月 ding³ go⁵ ggeh⁸ 上个月
下个月 e⁶ go⁵ ggeh⁸
廿九瞑 li⁶ gao³ mi² 除夕
正月 ziã¹ ggeh⁸ 新正 sin¹ ziã¹
　春节
上元 siong⁶ gguan² 元宵
　gguan² siao¹ 元宵节。
闰月 lun⁶ ggeh⁸

闰年 lun⁶ ni²
后日 ao⁶ lit⁸ 以后的日子
后日 ao⁶ lit 后天
落后日 log⁸ ao⁶ lit 大后天
昨日 za¹ lit⁸ 昨天
落昨日 loh⁸ zoh⁸ lit 大前天
顶日 ding³ lit⁸ 前天
今年 gin¹ ni²
明年 me² ni²
旧年 gu⁶ ni² 去年
顶年 ding³ ni² 前年
前年 zun² ni 前年
落前年 loh⁸ zun² ni 大前年
节气 zueh⁷ kui⁵
立春 lip⁸ cun¹
雨水 wu³ sui³
惊蛰 ging¹ dip⁸（diat⁸）
春分 cun¹ hun¹
清明 cĩ¹ mia²
谷雨 gok⁷ wu³
立夏 lip⁸ he⁶（ha⁶）
小满 siao³ bbuan³
芒种 bbong² zing⁵（zing³）
夏至 he⁶ zi⁵
小暑 siao³ su³
大暑 dai⁶ su³
立秋 lip⁸ ciu¹
处暑 su⁵ su³
白露 bik⁸ loo⁶
秋分 ciu¹ hun¹
寒露 han¹ loo⁶
霜降 sng¹ gang⁵
立冬 lip⁸ dang¹
小雪 siao³ suat⁷
大雪 dai⁶ suat⁷
冬节 dang¹ zueh⁷ 冬至
　dang¹ zi⁵ 冬至

小寒 siao³ han²
大寒 dai⁶ han²
甲子 gah⁷ zi³
天干 tian¹ gan¹
甲 gah⁷ 乙 yit⁷ 丙 biã³ 丁 ding¹
戊 moo⁶ 己 gi³ 庚 ging¹ 辛 sin¹
壬 lim² 癸 gui³
地支 de⁶ zi¹

7.动作心理

生 sĩ¹ ～后生(生儿子)
拾 kioh⁷ ～囝仔(生小孩)
　　～物件(捡东西)
邀 yo¹ ～婴仔(生育、扶养婴儿)
饲 ci⁶ ～饭(喂饭)
行 giã² ～路(走路)、～棋(下棋)
氍 te¹ ～落去(躺下去)
倒 do³ ～落去(倒下去)
走 zao³ 偷～(逃跑)
覆 pak⁷ ～伫桌顶(伏在桌上)
醒 cĩ³ 睏～啊(睡醒了)
梦 bbang⁶ 做～
梦见 bbang⁶ gĩ⁵ ～汝(梦见你)
瞌 kueh⁷ ～目(闭眼)
凝 ggin² ～人(怒目注视)
鼻 pĩ⁶ ～芳(闻香味儿)
陷眠 ham⁶ bbin² (说梦话)
食 ziah⁷ ～饭(吃饭)、～茶(喝茶)、～
　　酒(喝酒)、～薰(抽烟)
啉 lim¹ ～茶、～酒(喝茶、饮酒)
吞 tun¹ ～药仔(吃药)
含 gam² ～糖仔(含着糖果)
齩 ga⁶ ～一喙(咬一口)
舐 zi⁶ ～一下(舔一下)
哺 boo⁶ 匀仔～(慢慢咀嚼)
嗍 suh⁷ ～奶(吸奶)
啡 pui⁵ ～痰(吐痰)

歕 bun² ～火(吹火)
斟 zim¹ ～一下(吻一下)
吐 too⁵ ～出来
拍嗝 pah⁷ eh⁷ 打嗝
哈唏 ha¹ hi⁶ 打哈欠
盹交睡 duh⁷ ga¹ ze⁶ 盹龟
　　duh⁷ gu¹ 打瞌睡
笑 cio⁵
哭 kao⁵ 真爱～(很爱哭)
吼 hao⁵ 大声～(大声哭)
嚷 liong³ 呣通～(别嚷)
喝 huah⁷ 叫～(叫喊)
喘 cuan³ ～气
摸 bbong¹ ～一下
挲 so¹ (轻轻地抚摸)
抱 po⁶ ～囝仔(抱小孩)
蛲 ngiao¹ ～痒(搔痒)
捻 liam⁵ ～喙须(拔胡须)
　　～菜箬(摘叶子)
沕 bbak⁷ ～手(沾手)
撑 giah⁸ ～旗(举旗)
扶 poo² 桌仔～悬(桌子扶高)
　　～人(奉承人家)
摜 guã⁶ ～水(提水)
搝 kiu³ ～索仔(拉绳子)
掰 beh⁷ ～柑仔(掰桔子)
速 sak⁷ ～车(推车)
扻 hiat⁷ ～速(丢掉)
扛 gng¹ ～行李(抬行李)
担 dã¹ ～水(挑水)
拍噗仔 pah⁷ pok⁷ a³
　　(拍手、鼓掌)
跳 tiao⁵ ～索(跳绳)
跍 ku² (蹲)
跙 cu⁶ ～倒(滑倒)
踢 tat⁷ ～球(踢球)
爬 be² 做狗～(当狗爬)

趖 beh⁷～山（爬山）

放 bang⁵～屎～尿（拉屎拉尿）
～风吹（放风筝）

煮 zu³～饭～菜（煮饭做菜）

刣 tai²～猪（杀猪）

切 ciat⁷～菜（切菜）

㽎 zam⁶～鸡（剁鸡）

割 guah⁷～麦仔（割麦子）

煎 zi⁵～鱼（油炸）

煠 sah⁸～肉（用白开水煮肉）

炊 ce¹～粿（蒸年糕）

馏 liu⁶～甜粿（年糕再蒸一次）

煎 zuã¹～药仔（煎药）

炒 ca³～面

搓 so¹～圆仔（搓汤圆）

焄 gun²～肉（肉在水里久煮）

炖 dim⁶清～（清炖）

搵 wun⁵～醋（沾醋）

搅 giao³～肉汤（掺和肉汤）

滞 de⁵水～焦（水滗干）

勘 kam⁵～锅仔（盖锅子）

盐 si⁶～菜脯（腌萝卜）

炰 bu²～番薯（烤地瓜）

滕 tin²～酒（斟酒）

舀 yiũ³、yo³～水（汲水）舀

铰 ga¹～拆甲（剪指甲）

剃 ti⁵～头（理发）

锯 gu⁵～柴（锯木头）

抠 kao¹～鼎（刮掉锅烟灰）
～菜瓜皮（刨丝瓜皮）

钉 ding⁵～椅头仔（钉小椅子）

掘 gut⁸～涂（挖土）

埭 dai²～咧山顶（埋在山上）

刻 kik⁷～花

削 siah⁷～甘蔗（削甘蔗皮）

刺 ciah⁷～羊毛衫（织毛衣）

缝 bang²～衫（缝衣服）

磨 bbua²～刀

抿 bbin³～鞋（刷鞋）

熨 wut⁷～衫（熨衣服）

贮 due³～饭（装饭）、～物件（装东西）

包 bao¹～起来、～围

缚 bak⁸～笼床、～索仔、～
厝场（厝场 cu⁵ diũ² 编制蒸笼、绑绳子、包建筑）

崔 cui¹～恒（恒 an²，勒紧）

摧 zui²～甘蔗（截断甘蔗）

预 yi⁶～扑克（pok⁷ kik⁷ 玩扑克）

创 cong⁵～甚物（搞什么）

加 ge¹～半斤（多半斤）

减 giam³～一本（少一本）

上 ziũ⁶～大学、～楼、～车

落 loh⁸～雨（下雨）、～楼梯（下楼梯）、～车（下车）

开 kui¹～门、～学

关 guãi¹～门、互人掠去～（被人抓去关）

倚 wa³～壁（靠墙壁）

闪 siam³～开、走～（闪避）

留 lao²～饭菜

税 se⁵～厝（租房子）

搬 buã¹～厝（搬家）

徙 sua³～位（移动位置）

下 he⁶～物件（放东西）

款 kuan³～行李（收拾行李）

戴 di⁵～帽仔（戴帽子）

穿 cing⁶～衫（穿衣服）

结 gat⁶～起来、～彩

带 dua⁵～物件（带东西）

踮 dua⁵～厦门、～头路（住在厦门、当伙计或当职员）

挂 gua⁵～目镜、～地图（戴眼镜，挂地图）

斗 dao⁵ ～骹手（帮忙）
舒 cu¹ ～棉被（铺棉被）
苴 zu⁶ ～尿燥（垫尿布）
摺 zih⁷ ～纸、～被（折纸、折被）
拗 ao³ ～铁线
抹 bbuah⁷ ～面、～壁
　（涂脸、抹墙壁）
掀 hian¹ ～开（打开）
牵 kan¹ ～手、～牛
　（拉手、放牛）
抽 tiu¹ ～签、～考
敨 tao³ ～索仔（解开绳子）
栽 zai¹ ～树仔（种树）
种 zing⁵ ～菜
沃 ak⁷ ～水（浇水）、
　～雨（淋雨）
钓 dio⁵ ～鱼
补 boo³ ～衫（补衣服）、补喙齿（补牙齿）、～课
骑 kia² ～马
缉 zip⁷ 追 dui¹（追）
缀 de⁵ ～我行（跟我走）
啼 ti² 鸡咧～（鸡在啼）
吠 bui⁶ 狗咧～（狗在叫）
漏 lao⁶ 厝咧～雨（屋子在漏雨）
吹 ce¹ 衫互风～去
　（衣服被风吹走）
溶 yiu² 霜～去（冰溶化了）
火烧 he³ sio¹ ～厝（房子着火了）
出风头 cut⁷ hong¹ tao²
出头天 cut⁷ tao² tĩ¹ 艰苦人会～（受苦人会有出头的日子）
罚 huat⁸ ～款
砗倒 cia¹ do³ ～水（水翻倒）
张持 diũ¹ di² 汝着～（你得小心）
跋倒 buah⁸ do³ 唔通～（别跌倒）
爱 ai⁵ ～食（喜欢吃）、

～读册（喜欢读书）
惜 sioh⁷ 可～、爱～、～囡仔（爱惜小孩儿）
痛 tiã⁵ 得人～（爱人儿）
嫌 hiam² 唔通～人
　（别批评人家）
惊 giã¹ ～一下（吓一跳）
斁 ggin⁶ 真～伊（很讨厌他）
侥疑 ggiao² ggi² ～别人（怀疑别人）
怨 wan⁵ 顾人～（讨人嫌）
张 diũ¹ 伊～唔去（她撒娇不去）
张掇 diũ¹ duah⁷ 爱～（喜欢撒娇、赌气）
畅 tiong⁵ 真～（很快活）
欢喜 huã¹ hi³ 真～（很高兴）
受气 siu⁶ ki⁵ 勢～（常常生气）
烦恼 huan² lo³
激心 gik⁷ sim¹ 真～（很担心）
摽笑 bio¹ cio⁵ 滚笑 gun³ cio⁵（开玩笑）
发性地 huat⁷ sing⁵ de⁶（发脾气）
白贼 beh⁸ cat⁸ 勢～（很会撒谎）
有谈 pã⁵ dam²（闲谈）
肖骂 sio¹ me⁶ 冤家 wan¹ ge¹
　（吵架）
肖拍 sio⁶ pah⁷（打架）
食醋 ziah⁸ coo⁵（吃醋）
合意 gah⁷ yi⁵ 真～（很顺心）
搬砖 buã¹ cia¹ 两人咧～
　（两人争论不休）
数念 siao⁵ liam⁶ 定定～汝
　（常常想念你）
怨妒 wan⁵ doo⁵ 恶妒 oo⁵ doo⁵
　（忌妒）
歆羡 him¹ suan⁶（羡慕）
诤 zĩ⁵ 真爱～（很喜欢争论）

问 mng⁶

捌 bat⁷ 我～汝（我认识你）

赞成 zan⁵ sing²

反对 huan³ dui⁵

投 dao² 唔惊伊去～
（不怕他去告状）

报 bo⁵ ～汝一项代志、～恩（告诉你
一件事、报答恩情）

告 go⁵ ～伊贪钱（告他贪钱）

吩咐 huan¹ hu⁵ ～伊去开会
（吩咐他去开会）

交代 gao¹ dai⁵ ～伊买糖仔（交代他
买糖果）

映望 ng⁵ bbang⁶ ～伊大趁钱
（希望他赚大钱）

拍算 pah⁷ sng⁵ ～唔去
（打算不去）

念 liam⁶ ～较细声（念小声点）数～
（想念）

唱 ciũ⁵

约 yok⁷ ～会、～八点见面

约 yoh⁷ 汝～一下（你猜一下）

供 ging⁵ ～天公（祭老天爷）

拜 bai⁵ ～佛祖（拜菩萨）

保庇 bo³（boo³）bi⁵ ～逐个平安（保
佑大家平安）

骗 pian⁵ 呣用～人
（不能欺骗人家）

救 giu⁵ ～人、～火

害 hai⁶ ～人～家己
（害人害自己）

辞 si² ～头路（辞去工作）

拼 biã⁵ 拍～（用功、勤劳）

博缴 buah⁸ giao³ ～输了了（赌博把
钱输光了）

输 su¹ 拍～（打败）

赢 yã² 拍～（打胜）

报答 bo⁵ dap⁷

拾拾 kioh⁷ sip⁸ 真势～（很会收拾，很
节俭，不使浪费）

趁钱 tan⁵ zĩ² ～（很会赚钱）

登记 ding¹ gi⁵ ～结婚

介绍 gai⁵ siao⁶ ～头路（介绍工作）

计较 ge⁵ gao⁵ 唔通～（不要计较）

学话 oh⁸ we⁶ 伊真势～，汝着细腻（他
很会学舌，你得小心）

解衰 gai³ sue¹ ～别人（迁怒别人）

铺排 poo¹ bai² 真势～（很会应酬）、唔
免汝～（不用你照顾，优待。）

8.性状形容

悬 guãi² 高

下 ge⁶ 低

大 dua⁶

细 sue⁵ 小

粗 coo¹

幼 yiu⁵ 菜真～（菜很嫩）

过 gua¹ 菜真～（菜很老）

躼 lo⁵ 高个儿

矮 we³ 矮个儿

阔 kuah⁷ 宽

狭 weh⁸ 狭窄

躩 Kueh⁷ 拥挤

重 dang⁶

轻 kin¹

澹 dam² 湿

焦 da¹ 干

湿 sip⁷ 潮湿

洘 ko³ 糜～（粥稠）

饮 am³ 糜～（粥稀）

漖 ga⁵ 糜～（粥稀）

厚 gao⁶ ～纸（厚纸）、～茶（浓茶）、～
话（多话）、～工（多费工夫）。

薄 boh⁸ ～纸、～茶

（薄纸、淡茶）
甜 dĩ¹
饕 ziã³ ～味（味道淡）
蕾 ziã³ ～色（颜色淡）
辣 luah⁸
荅 hiam¹（辣得嘴发麻）
酸 sng¹
硬 ngi⁶
软 nng³
胖 pong⁵ 凸
凹 nah⁷
㴘 ziao² 均匀
深 cim¹
浅 cian³
沃 kin³ 水～（水浅）、册～（书浅显）、色～（颜色淡）
樘 ding⁶ 石头～（石头硬。也写为"有"）
冇 pã⁵ 石头～（石头松）
冗 ling⁶ 缚真～（绑得很松）
恒 an² 缚真～（绑得紧）
肥 bui² 人真～、～肉（人很胖、肥肉）
瘠 san³ 人真～（人很瘦）
圆 yĩ²
扁 bĩ³
偙 oh⁷ 代志～做（事情难做）
易 gue⁶ 真～（很容易）
芳 pang¹ ～花（香花）
臭 cao⁵
醪 lo² 水～（水混浊）
清 cing¹
正 ziã⁵
歪 wai¹
光 gng¹
暗 am⁵
宿 sik⁷ 人真～（人很聪明、机灵）
谉 zĩ³（不成熟）

乖 guai¹
生 cĩ¹（生的，没煮过）
熟 sik⁸
勇 yong³ 健康
茌 lam³ 虚弱
静 zing⁶
吵 ca³
横 huãi²
直 dit⁸
利 lai⁶ 刀真～（刀很快）
屯 dun⁶ 刀真～（刀不快）
脆 ce⁵
润 lun⁶（不脆）
痒 ziũ⁶ 伤口～（伤口痒）
痛 tiã⁵ 伤口～（伤口痛）
僐 sian⁶ 累
勢 ggao² 能干
戆 ggong⁶ 傻（也写为"悫"）
赤 ciah⁷ ～查某（泼妇）
䇲 diam¹ 人真～（人很文静）
土 too³ 不文雅
倯 song² 土气
素 soo⁵ 朴素
精 ziã¹ 肉真～（肉很瘦）、～肉（瘦肉）
油 yiu² 肉真～（肉很肥）、～肉（肥肉）
孽 ggiat⁸ 淘气
猜 siao³（言谈举止随便或神经失常）
烧烙 sio¹ lo⁶ 暖和
烧晴 sio¹ zĩ⁶ 暖和
冷 ling³
烧 sio¹
拉图烧 la¹ nng² sio¹ 温热
省 sing³ 真～钱（很省钱）
俭 kiam⁶ 节俭
伤本 siong¹ bun³ 费钱

讨债 to³ze⁵ 浪费
艰苦 gan¹koo³ 生活～（生活困苦）、～人（穷苦人）、～两三日（病了两三天）
好额 ho³ggiah⁸ 有钱
好命 ho³mia⁶ 命好
否命 pai³mia⁶ 命不好
生份 cī¹hun⁶ 生疏
惊生份 giã¹cī¹hun⁶ 怕生
骨力 gut⁷lat⁸ 勤劳
贫惮 bin²duã⁶ 懒惰
愠忳 wun⁵tun⁵ 愚笨、痴呆
好看 ho³kuã⁵
古锥 goo³zui¹ 娇小玲珑、令人喜爱（指小孩或物品）
心适 sim¹sik⁷ 风趣、好玩儿
缘投 yan²dao² 美（指男子）
飘撇 piao¹piat⁷ 男人爽利、漂亮、潇洒。
疦势 kiap⁷si⁵ 丑
利害 li⁶hai⁶
狡猾 gao³gut⁸
慷慨 kong³kai⁵
枵鬼 yao¹gui³ 贪吃、吝啬
咸涩 giam²siap⁷ 吝啬
大康 dua⁶kang¹ 阔气
风车 hong¹gu¹ 吹牛
顾俭 goo⁵kiam⁶ 谦虚
费气 hui⁵ki⁵ 麻烦
可恶 ko³oõ⁵
可怜 ko³lian²
清采 cin⁵cai³ 随便、将就
无采 bbo²cai³ 白费、可惜
无采工 bbo²cai³gang¹ 白费工夫、没用
利便 li⁶bian⁶ 方便
贪心 tam¹sim¹

细腻 sue⁵li⁶ 行着～。免～（走路得小心。别客气）
流疡 lao²siong² 肮脏
软荳 nng³ziã³ 人～（人娇嫩）
凄清 ci¹cin⁵ 凄凉
好康 ho³kang¹ 富有、有钱
无康 bbo²kang¹ 贫穷、没钱
利眼 li⁶ggan³ 有趣
畏寒 wi⁵guã² 怕冷、我听了～（比喻难为情、害臊）
平平 bĩ²bĩ² 成绩～（成绩平平）、～路（平坦的路）、～重（同样重）、～行（同时走）
暗暗 am⁵am⁵ ～倒来（很迟回来）、房间～（房间光线不足）
小可 sio³kua³ 一点儿，稍微
破格 pua⁵geh⁵ ～查某（不得体的女人）
乌焦寒 oo¹da¹guã² 干冷
乌焦瘦 oo¹da¹san³ 干瘦
厚礼数 gao⁶le³soo⁵ 繁文缛节
预幔 han²bban⁶ 迟钝、笨拙
颠跛 tian¹toh⁸ 做代志真～（做事慢吞吞的）
番汰 huan¹tai³ 不明事理
大摵 dai⁶yat⁸ 神气、自命不凡
古怪 gu³guai⁵
胖风 pong⁵hong¹ 腹肚～、唔通～（腹胀、不要夸口）。
干焦 gan¹da¹ ～蚝、～了（没泡水的海蛎、白费工夫）
排只 bai²zi³ 摆阔、神气
破相 pua⁵siũ⁵ 残废
有量 wu⁶liong⁶ 宽容、雅量
无量 bbo²liong⁶ 小心眼儿
加里劳 ga¹li³lo² 代志～（事情

尚无头绪）
无头神 bbo² tao² sin² 健忘
半桶屎 buã⁵ tang³ sai³ 半瓶醋
半头青 buã⁵ tao² cĩ² 鲁莽、半彪子
实在 sit⁸ zai⁶
见笑 gian⁵ siao⁵ 害羞
否势 pai³ se⁵ 害羞、不好意思
危险 ggui² hiam³
有板 wu⁶ ban³ 有能力、有办法
好所行 ho³ soo³ giã² 古道热肠
古意 goo³ yi⁵ 热情、诚意
生相 sĩ¹ siũ⁵ 属相
一鼠 yit⁷ cu³

二牛 li⁶ ggu²
三虎 sã¹ hoo³
四兔 si⁵ too⁵
五龙 ggoo⁶ ling²
六蛇 lak⁸ zua²
七马 cit⁷ bbe³
八羊 bueh⁷ yiũ²
九猴 gao³ gao²
十鸡 zap⁸ gue¹
十一狗 zap⁸ yit⁷ gao³
十二猪缀人走 zap⁸ li⁶ di¹ de⁵ lang zao³（十二猪跟人跑）

二、部分国名、地名表

日本 Lit⁸ bun³
东京 Dang¹ giã¹
朝鲜 Diao² sian³
平壤 Bing² liong³
韩国 Han² gok⁷
首尔 Siu³ ni³
新加坡 Sin¹ ga¹ po¹
泰国 Tai⁵ gok⁷
曼谷 Bban⁶ gok⁷
马来西亚 Ma³ lai² se¹ a¹
吉隆坡 Git⁷ liong² po¹
印度尼亚西 Yin⁵ doo⁶ ni² se¹ a¹
雅加达 Nga³ ga¹ dat⁸
印度 Yin⁵ doo⁶
巴基斯坦 Ba¹ gi¹ su¹ tan³
德国 Dik⁷ gok⁷
柏林 Bik⁷ lim²
意大利 Yi⁵ dai⁶ li⁶
罗马 Lo² ma³
法国 Huat⁷ gok⁷

巴黎 Ba¹ le²
英国 Ying¹ gok⁷
伦敦 Lun² dun¹
瑞典 Sui⁶ dian³
澳大利亚 O⁵ dai⁶ li⁶ a¹
俄罗斯 Ggo² lo² su¹
莫斯科 Bbok⁸ su¹ ko¹
加拿大 Ga¹ na³ dai⁶
渥太华 Ok⁷ tai⁵ hua²
美国 Bbi³ gok⁷
纽约 Niu³ yok⁷
华盛顿 Hua² sing⁶ dun⁵
中国 Diong¹ gok⁷
北京市 Bak⁷ giã¹ ci⁶
上海市 Siong⁶ hai³ ci⁶
天津市 Tian¹ zin¹ ci⁶
重庆市 Diong² king⁵ ci⁶
河北省 Ho² bak⁷ sing³
石家庄市 Zioh⁸ ga¹ zng¹ ci⁶
山西省 Suã¹ sai¹ sing³

太原市 Tai⁵ gguan² ci⁶
内蒙古自治区
　　Lai⁶ bbong² goo³ zu⁶ di⁶ ku¹
呼和浩特市
　　Hoo¹ ho² ho⁶ dik⁸ ci⁶
辽宁省 Liao² ling² sing³
沈阳市 Sim³ yong² ci⁶
吉林省 Giat⁷ lim² sing³
长春市 Diong² cun¹ ci⁶
黑龙江省
　　Hik⁷（乌 oo¹）liong² gang¹ sing³
哈尔滨市 Ha¹ ni³ bin¹ ci⁶
陕西省 Siam³ sai¹ sing³
西安市 Se¹ an¹ ci⁶
甘肃省 Gam¹ siok¹ sing³
兰州市 Lan² ziu¹ ci⁶
宁夏回族自治区
　　Ling² ha⁶ hue² zok⁸ zu⁶ di⁶ ku¹
银川市 Ggun² cuan¹ ci⁶
青海省 Cing¹ hai³ sing³
西宁市 Se¹ ling² ci⁶
新疆维吾尔族自治区 Sin¹ giong¹ wi²
　　ngoo² ni³ zok⁸ zu⁶ di⁶ ku¹
乌鲁木齐市 Oo¹ loo³ bbok⁸ ze² ci⁶
山东省 Suã¹ dang¹ sing³
济南市 Ze⁵ lam² ci⁶
江苏省 Gang¹ soo¹ sing³
南京市 Lam² giã¹ ci⁶
浙江省 Ziat⁷ gang¹ sing³
杭州市 Hang² ziu¹ ci⁶
安徽省 An¹ hui¹ sing³
合肥市 Hap⁸ bui² ci⁶
江西省 Gang¹ sai¹ sing³
南昌市 Lam² ciong¹ ci⁶
福建省 Hok⁷ gian⁵ sing³
福州市 Hok⁷ ziu¹ ci⁶
台湾省 Dai² wan² sing³

台北市 Dai² bak⁷ ci⁶
河南省 Ho² lam² sing³
郑州市 Dĩ⁶ ziu¹ ci⁶
湖北省 Oo² bak⁷ sing³
武汉市 Bbu³ han⁵ ci⁶
湖南省 Oo² lam² sing³
长沙市 Diong² sa¹ ci⁶
广东省 Gng³ dang¹ sing³
广州市 Gng³ ziu¹ ci⁶
汕头市 Suã⁵ tao² ci⁶
深圳市 Cim¹ zun⁵ ci⁶
珠海市 Zu¹ hai³ ci⁶
广西壮族自治区
　　Gng³ sai¹ zong⁵ zok⁸ zu⁶ di⁶ ku¹
南宁市 Lam² ling² ci⁶
四川省 Su⁵ cuan¹ sing³
成都市 Sing² doo¹ ci⁶
贵州省 Gui⁵ ziu¹ sing³
贵阳市 Gui⁵ yong² ci⁶
云南省 Hun² lam² sing³
昆明市 Kun¹ bbing² ci⁶
西藏自治区 Se¹ zong⁶ zu⁶ di⁶ ku¹
拉萨市 La¹ sat⁷ ci⁶
海南省 Hai³ lam² sing³
海口市 Hai³ kao³ ci⁶
香港 Hiong¹ gang³
澳门 O⁵ mng²
厦门市 E⁶ mng² ci⁶
泉州市 Zuan² ziu¹ ci⁶
石狮市 Zioh⁸ sai¹ ci⁶
德化县 Dik⁷ hue⁵ guãi⁶
永春县 Ying³ cun¹ guãi⁶
南安市 Lam² wã¹ ci⁶
惠安县 Hui⁶ wã¹ guãi⁶
晋江市 Zin⁵ gang¹ ci⁶
安溪县 An¹ kue¹ guãi⁶
漳州市 Ziang¹ ziu¹ ci⁶

华安县 Hua² an¹ guãi⁶   新竹县 Sin¹ dik⁷ guãi⁶
漳浦县 Ziũ¹ poo³ guãi⁶   苗栗县 Bbiao² lik⁸ guãi⁶
云霄县 Wun² sio¹ guãi⁶   台中县 Dai² diong¹ guãi⁶
东山县 Dang¹ suã¹ guãi⁶   南投县 Lam² dao² guãi⁶
诏安县 Ziao⁵ an¹ guãi⁶   彰化县 Ziong¹ hua⁵ guãi⁶
平和县 Bing² ho² guãi⁶   云林县 Hun² lim² guãi⁶
南靖县 Lam² zing⁶ guãi⁶   嘉义县 Ga¹ ggi⁶ guãi⁶
高雄市 Go¹ hiong² ci⁶   台南县 Dai² lam² guãi⁶
基隆市 Gi¹ liong² ci⁶   高雄县 Go¹ hiong² guãi⁶
新竹市 Sin¹ dik⁷ ci⁶   屏东县 Bing² dong¹ guãi⁶
台中市 Dai² diong¹ ci⁶   台东县 Dai² dang¹ guãi⁶
嘉义市 Ga¹ ggi⁶ ci⁶   花莲县 Hua¹ lian² guãi⁶
台南市 Dai² lam² ci⁶   宜兰县 Ggi⁶ lan² guãi⁶
台北县 Dai² bak⁷ guãi⁶   澎湖县 Pĩ² oo² guãi⁶
桃园县 To² hng² guãi⁶   金门县 Gim¹ mng² guãi⁶

三、常见姓氏表

洪 Ang²   张 Diũ¹
翁 Ong¹   唐 Dong²、Dng²
欧 Ao¹   杜 Doo⁶
欧阳 Ao¹ Yong²   卓 Doh⁷
冯 Bang²   陈 Dan²
白 Beh⁸   戴 De⁵
鲍 Bao⁶   邓 Ding⁶
方 Bng¹   田 Dian²
傅 Boo⁵   赵 Dio⁶
裴 Bue²   段 Duan⁶
徐 Ci²   陶 Do²
蔡 Cua⁵   甘 Gam¹
崔 Cui¹   郭 Geh⁷
焦 Ziao¹   龚 Ging¹、Ging³
董 Dong³、Dang³   金 Gim¹
翟 Dik⁸   高 Go¹
郑 Dĩ⁶   顾 Goo⁵
刁 Diao¹   瞿 Gu²

贾 Ga³
简 Gan³
耿 Ging³
纪 Gi³
姜 Giong¹
辜 Goo¹
柯 Gua¹
项 Hang⁶
夏 Ha⁶
何 Ho²
韩 Han²
侯 Hoo²
邢 Hing²
贺 Ho⁶
范 Huan⁶
叶 Yap⁸
游 Yiu²
杨 Yiũ²
姚 Yao²
尤 Yiu²
康 Kng¹
邱 Ku¹
许 Koo³
孔 Kong³
屈 Kut⁷
刘 Lao²
凌 Ling²
连 Lian²
廖 Liao⁶
罗 Lo²
卢 Loo²
骆 Lok⁸
雷 Lui²
黎 Le²
李 Li³
任 Lim²
聂 Liap⁷

林 Lim²
鲁 Loo³
赖 Lua⁶
吕 Lu⁶
梁 Niu²
马 Ma³
文 Bbun²
武 Bbu³
缪 Bbiu⁶
黄 Ng²
王 Ong²
汪 Ong¹
区 Oo¹
胡 Oo²
彭 Pĩ²
潘 Puã¹
盛 Sing⁶
谢 Sia⁶、Zia⁶
薛 Sih⁷
邵 Sio¹
苏 Soo¹
舒 Su¹
施 Si¹
萧 Siao¹
沈 Sim³
习 Sip⁸
宋 Song⁵
司徒 Su¹doo²
单于 Sian²wu²
程 Tiã¹
谭 Tam²
汤 Tng¹
韦 Wi²
余 Wu²
温 Wun¹
尹 Wun²
殷 Wun¹

袁 Wan²	庄 Zng¹
曾 Zan¹	朱 Zu¹
钱 Zi²	邹 Zoo¹
秦 Zin²	诸葛 Zu¹Gat⁷
招 Zio¹	岳 Ggak⁸
周 Ziu¹	颜 Ggan²
钟 Ziong¹	吴 Ngoo²
詹 Ziam¹	魏 Ggui⁶
章 Ziong¹	乐 Ggak⁸
石 Zioh⁸	倪 Gge²
蒋 Ziũ³	虞 Ggu²

四、厦门与漳州、泉州音系的主要差异

厦门、泉州、漳州的音系大部分相同,略有差异,泉州音和漳州音差别较大,厦门恰好介于两者之间。从声母、韵母系统看,厦门音比较接近泉州音,从声调系统看,厦门音却又和漳州较接近。

(一)声 母

厦、漳、泉的声母基本上都符合传统韵书的十五音系统,这十五音的字母是边(b)颇(p)、门(bb)、地(d)、他(t)、柳(l)、曾(Z)、出(C)、入(ZZ)、时(S)、求(g)、气(K)、语(gg)、喜(h)英(零声母)。但厦门、泉州的入(ZZ)母字,现已混入来(l)母,而漳州市及其所辖的县大都仍读"入"(ZZ)母(国际音标写为[dz])。如:

表1 声母举例

例字	儿	如	入	热	绒	日	弱
厦门	li²	lu²	lip⁸	luah⁸	liong²	lit⁸	liok⁸
泉州	li²	lu²	lip⁸	luah⁸	liong²	lit⁸	liok⁸
漳州	zzi²	zzi²	zzip⁸	zzuah⁸	zziong²	zzit⁸	zziak⁸

(二)韵 母

厦、漳、泉的韵母基本上相同,只是个别韵母有些差异。
有些字厦门读为 u 韵,泉州读为 uu[ɯ]韵,漳州读为 i 韵。

表 2　u、uu、i 韵举例

例字	旅	居	据	虚	语	区	预
厦门	lu^3	gu^1	gu^5	hu^1	ggu^3	ku^1	wu^6
泉州	luu^3	guu^1	guu^5	huu^1	gguu^3	kuu^1	uu^5
漳州	li^3	gi^1	gi^5	hi^1	ggi^3	ki^1	yi^6

2 有些字厦门、泉州说话音为 e 韵，漳州读为 ee[ɛ]韵。

表 3　e、ee 韵举例

例字	家	查	假	马	茶	下
厦门	ge^1	ze^1	ge^3	bbe^3	de^2	he^6
泉州	ge^1	ze^1	ge^3	bbe^3	de^2	he^4
漳州	gee^1	zee^1	gee^3	bbee^3	dee^2	hee^6

有些字厦门读为 e 韵，泉州读为[ə]韵，漳州读为 ue 韵。

表 4　e、ə、ue 韵举例

例字	赔	皮	税	过	货	灰	火
厦门	be^2	pe^2	se^5	ge^5	he^5	he^1	he^3
泉州	bə^2	pə^2	sə^5	gə^5	hə^5	hə^1	hə^3
漳州	bue^2	pue^2	sue^5	gue^5	hue^5	hue^1	hue^3

有些字厦门、泉州读 ue 韵，而漳州读 e。

表 5　ue、e 韵举例

例字	买	卖	批	题	齐	鸡
厦门	bbue^3	bbue^6	pue^1	due^2	zue^2	gue^1
泉州	bbue^3	bbue^5	pue^1	due^2	zue^2	gue^1
漳州	bbe^3	bbe^6	pe^1	de^2	ze^2	ge^1

有些字厦门、泉州及长泰说话音是 ng，而漳州及其所辖的大部分县读为 uĩ 韵。

表 6　ng、uĩ 韵举例

例字	断	软	酸	劝	园	光	广	荒	黄
厦门	dng^6	nng^3	sng^1	kng^5	hng^2	gng^1	gng^3	hng^1	ng^2
泉州	dng^4	nng^3	sng^1	kng^5	hng^2	gng^1	gng^3	hng^1	ng^2
漳州	duĩ^6	nuĩ^3	suĩ^1	kuĩ^5	huĩ^2	guĩ^1	guĩ^3	huĩ^1	uĩ^2

有些字厦门、泉州读 un 韵，漳州读 in 韵。

表 7 un、in 韵举例

例字	根	斤	勤	银	恨	恩
厦门	gun¹	gun¹	kun²	ggun²	hun⁶	wun¹
泉州	gun¹	gun¹	kun²	ggun²	hun⁴	wun¹
漳州	gin¹	gin¹	kin²	ggin²	hin⁶	yin¹

有些字厦门、泉州文读 iong 韵,白读韵 iũ,漳州文读是 iang 韵,白读 ioõ 韵。

表 8 iong(iũ)、iong(ioõ)韵举例

例字	粮	长	唱	伤	箱	羊
厦门	liong²	diong³	ciong⁵	siong¹	siong¹	yong²
泉州	liũ²	diũ³	ciũ⁵	siũ¹	siũ¹	yiũ²
漳州	liang²	diang³	ciang⁵	siang¹	siang¹	yang²
	lioõ²	dioõ³	cioõ⁵	sioõ¹	sioõ¹	yoõ²

有些字厦门、泉州白读 ĩ 韵,漳州读 eẽ 韵。

表 9 ĩ、eẽ 韵举例

例字	生	庚	争	平	姓	青	醒
厦门	sĩ¹	gĩ¹	zĩ¹	bĩ²	sĩ⁵	cĩ¹	cĩ³
泉州	sĩ¹	gĩ¹	zĩ¹	bĩ²	sĩ⁵	cĩ¹	cĩ³
漳州	seẽ¹	geẽ¹	zeẽ¹	beẽ²	seẽ⁵	ceẽ¹	ceẽ³

(三)声调

厦门、泉州、漳州都是七个声调,但泉州上声分阴上、阳上、去声只有一个。厦门、漳州上声只有一个,不分阴、阳(阳上归阳去),而去声分阴去、阳去两个调,见表 10。

表 10 厦、漳、泉三地声调

	阴平	阳平	阴上	阳上	阳去	阴去	阴入	阳入
例字	东 dong¹	同 dong²	董 dong³	动 dong⁴	洞 dong⁶	栋 dong⁵	督 dok⁷	独 dok⁸
厦门	˧44	˧24	˥53	˧22	˨21	˨32	˧4	˧4
漳州	˧44	˧13	˥53	˧22	˨21	˨32	˨121	
泉州	˧33	˧24	˥544	˧22	˨31	˧4	˧23	

五、闽南语经典歌曲

ai⁵ biã⁵ ziah⁷ e⁶ yiã²
爱 拼 则 会 赢

1=C 2/4

中速

叶启田 演唱

(5 5. 6 1 2 | 3 - - 6 5 | 3. 2 1 3 2 3 |

5. 3 2 - | 3 3 2 3 2 1. 6 1 | 2 2 2 1 6 5 ⱽ 6 |

5. 3 2 1 2 1 6 | 1 - -) 5 5 6 ‖: 1. 6 5 6 1 6 5 |

　　　　　　　　　　　　　　　　　一 时　失 志 呣 免 怨
　　　　　　　　　　　　　　　　　zit⁸ si²　sit⁷ zi⁵ m⁶ bbian³ wan⁵

3 - - 3 3 5 | 6. 6 5 3 | 3 2 1 | 2 - - 1 2 |

叹，　一 时 落 魄 呣 免 胆 寒，那 通
tan⁵　 zit⁸ si² loh⁸ pik⁷ m⁶ bbian³ dam³ han² na³ tang¹

3 3 2 3 2 1 2 1 6 | 2 2 2 1 6 5 - |

失 去 希　望。 每 日 醉 茫 茫，
sit⁷ ki⁵ hi¹ bbang⁶ mui³ lit⁸ zui⁵ bbang² bbang²

6 5 1 6 5 1 3 | 2 - - 1 2 | 3. 5 5 3 1 7 |

无 魄 有 体 亲 像 稻 草 人，　人 生 可 比 是 海 上
bbo² hun² wu⁶ te³ cin¹ ciũ⁵ diu⁶ cao³ lang²　lin² sing¹ ko³ bi⁵ si⁶ hai³ siong⁶

```
6·  5   6   1 2 3 | 3· 2  1 5  1 2 3 | 2 - - 0 3 2 |
的  波  浪  有 时    起  有 时  落         好
e   bo¹ long⁶ wu⁶ si²  ki³ wu⁶ si²  loh⁸    ho³

1 0 2 1 6 0 | 2 6  1 1 1  6 5 3 | 5 - - - |
运 否 命，总 吗（要）照 纪 纲  来 行
wun⁶ pai³ wun⁶ zong³ ma¹ yao⁵ ziao⁵ gi³(ki³) gang¹ lai² giã²

5 6 1 7 6 - | 3 3 3 3 2·  2 1 | 6· 3 2 1 2 1 6 |
三 分 天 注 定  七 分 靠 拍 拼， 爱  拼  则 会
sã¹ hun¹ tĩ¹ zu⁵ diã⁶ cit⁷ hun¹ ko⁵ pah⁷ biã⁵ ai⁵ biã⁵ ziah⁷ e⁶

             1.
1 - - - |(3· 2 3 - | 5 3 2 3 2 1 2 ᵛ 6 | 5· 3 2 1 6 |
赢      D.S.
yiã²

                       2.
1 - - )5  5 6: ‖(5 5· 6 1 2 | 3 0 6 5 5 6 5
       一 时

3 - 2 1 2 1 6 | 1 - - - )‖
                              Fine
```

天 乌 乌
tĩ¹ oo¹ oo¹

1=F 2/4
中速稍慢

闽南语歌曲

3 2 3 | 3 6 1 | 2 3 3 | 1 6 | 1 2 3 2 5 | 6 - |

天乌乌，要落雨，阿公（啊）撑锄头　要掘芋，
tĩ¹ oo¹ oo¹ bbeh⁷ loh⁸ hoo⁶ a¹ gong¹ a giah⁸ di¹ tao² bbeh⁷ gut⁸ oo⁶

5 3 5 | 1 5 6 | 6 6 1 2 3 | 2 2 ³/₂ |

掘呀掘，　掘呀掘，　掘着一尾　旋鰡鼓，
gut⁸ a gut⁸ gut⁸ a gut⁸ gut⁸ dioh zit⁸ bbe³ suan² liu² goo³

1· 6 2 5 | 7 5 7 | 6 - | 6 - | 6 5 6 |

（伊呀夏嘟）真正趣味。　　天乌乌，
yi¹ ya he do zin¹ ziã⁵ cu⁵ bbi⁶ tĩ¹ oo¹ oo¹

6· 2 3 | 3 - | 5 6 6 | 5 2 | 3 5 6 5 2 |

要落雨，　　阿公（啊）撑锄头　要掘
bbeh⁷ loh⁸ hoo⁶ a¹ gong¹ a giah⁸ di¹ tao² bbeh⁷ gut⁸

3 - | 3 - | 1 6 1 | 1 5 6 | 6 6 1 2 3 | 2 2 ³/₂ |

芋，　　掘呀掘，掘呀掘，掘着一尾　旋鰡鼓，
oo⁶ gut⁸ a gut⁸ gut⁸ a gut⁸ gut⁸ dioh zit⁸ bbe³ suan² liu² goo³

1· 6 2 5 | 7 5 7 | 6 - | 6 - | 2 3 3 3 |

（伊哟夏嘟）真正趣味。　　阿公要煮
yi ya he do zin¹ ziã⁵ cu⁵ bbi⁶ a¹ gong¹ bbeh⁷ zu³

咸，阿嬷要煮饕，两个相拍 弄破鼎
giam² a¹ ma³ bbeh⁷ zu³ ziã³ nng⁶ e² sio¹ pah⁷ long⁵ pua⁵ diã³

（咿哟夏嘟 七当嘟当 枪）。
yi ya he do cit⁷ dong¹ long¹ dong¹ ciang

阿公啊要煮 咸， 阿嬷 要煮 饕，
a¹ gong¹ a bbeh⁷ zu³ giam² a¹ ma³ bbeh⁷ zu³ ziã³

阿公啊要煮 咸， 阿妈 要煮 饕， 啊！
a¹ gong¹ a bbeh⁷ zu³ giam² a¹ ma³ bbeh⁷ zu³ ziã³ a

两个相拍 弄破鼎（咿哟夏嘟 七当嘟当
nng⁶ e² sio¹ pah⁷ long⁵ pua⁵ diã³ yi¹ ya he do cit dong longdong

枪）。
ciang

弄 破 鼎， 弄 破 鼎，（咿 哟 夏 嘟
long⁵ pua⁵ diã³ long⁵ pua⁵ diã³ yi¹ ya he do

七 当 啷 当 枪）。
cit dong long dong ciang

附录

127

跋

厦门大学通识教育中心成立于二〇一三年年底。二〇一二年九月,厦门大学翔安新校区启用,迁入新校区的学院大多属于理工科。为了让翔安校区的学生们接受比较好的人文素养熏陶,学校呼应学生们的心声,设立了这一中心。当时中心挂靠在人文学院,因为在此之前,人文学院已经率先在全校推出"通识国学"和"通识西学"等系列课程,颇受学生好评。学校高度重视通识教育中心的建设,由分管教学的副校长担任中心主任,人文学院的院长兼任中心的常务副主任。经过几年的建设,中心已经开设一百七十多门核心通识课程,在此基础上,我们从中挑选出学生特别喜爱、也比较稳定开设的课进行课程建设,如录制慕课,推出教材等。因为担任人文学院副院长兼通识中心副主任,我主要负责全校通识课程的策划与建设,故与林宝卿老师有了诸多交流机会。

林宝卿教授,年逾八十,多年从事闽南语研究,常年坚持给社会大众开设课程普及闽南语,其所著的《闽南话教程》已经多次再版。鉴于厦门大学去台湾交流的学术活动特别多,很多学生都有学习闽南语的需要,我们即邀请林老师来开闽南语课。她那时虽然已经荣休,但是一听说这门课程对两岸学子的交流特别有意义,就毫不犹豫地应承下来,每学期都开。后来,刘子立老师因工作需要,他认真地进修和调研闽南方言、闽南方言与文化、汉语音韵学等学科后,加入闽南方言的教学工作,因此我们每个学期都开两个班,林老师和刘老师各担任一个班,至今已近十年。为了让更多的学子有机会学习闽南语,为了让闽南语在全球进行推广,林老师不仅不辞辛劳录制慕课,还根据学生学习需要,推出与课程、与慕课相匹配的教材。像他们这样愿意为通识课程倾心付出的老师在厦大有许多。

相信在新成立的美育与通识教育中心的推动下,我们将开出一门又一门优质的课程,推出一部又一部高质量的教材。敬请诸位期待厦门大学之后有更多更优质的通识课程和通识教材面世!

李晓红

二〇二二年六月十日

于厦门大学